크라센의
읽기
혁명

Translated from the English language edition of THE POWER OF READING/
Insights from the Research, Second Edition, by Stephen D. Krashen, originally published by Libraries Unlimited,
an Imprint of ABC-CLIO, LLC, Santa Barbara, CA, USA.
Copyright © 2004 by the author. Translated into and published in the Korean language
by arrangement with ABC-CLIO, LLC. All rights reserved
No part of this book may be reproduced or transmitted in any form or by
any means electronic or mechanical including photocopying, reprinting, or on any information storage
or retrieval system, without permission in writing from ABC-CLIO, LLC.
Korean translation copyright © (20..) by Renaissance Publishing Co.
Korean translation rights arranged with ABC-CLIO, LLC.
through EYA(Eric Yang Agency)

이 책의 한국어판 저작권은 EYA(Eric Yang Agency)를 통해
ABC-CLIO, LLC사와 독점계약한 '도서출판 르네상스'가 소유합니다.
저작권법에 의하여 한국 내에서 보호를 받는 저작물이므로 무단전재와 복제를 금합니다.

THE POWER OF READING

크라센의 읽기 혁명

스티븐 크라센 | 조경숙 옮김

르네상스

추천사

외국어 교육의 거두 크라센 박사의
전설의 책을 만나보세요

영어교육 분야의 석학이라 하면 많은 사람들이 스티븐 크라센(Stephen D. Krashen) 박사를 꼽습니다. 그분의 명저 《읽기 혁명The Power of Reading》이 번역 출간되었습니다. 그 전설의 책이 우리에게 성큼 다가왔습니다.

크라센 박사는 그저 연구에만 매달려 알아들을 수 없는 용어와 통계만 내세우는 학자가 아닙니다. 즐거운 독서를 통해 편안하게 영어를 익힐 수 있다는 진실을 대학 담장 밖으로 나와 일선 교사와 학부모에게 설파하는 행동하는 학자입니다. 이 책을 읽다 보면 어려운 전문 분야도 이렇게 쉽게 설명되는구나, 느끼실 겁니다.

크라센 박사는 영어 습득을 위한 효과적인 방법으로 자율 독서(Free

Voluntary Reading)를 추천합니다. 이는 좋아하는 책을 골라 마음대로 읽는 독서입니다. 독후감, 독해 문제, 어휘 등을 점검받을 필요가 없습니다. 재미있으면 읽고, 재미없으면 다른 책을 읽습니다. 수업 중 일정 시간 동안 자율 독서를 실시한 학급의 학생들이 종래의 방식으로 지도받은 학생들보다 문법이나 어휘, 나아가 토플에서도 더 높은 성적을 낸 증거를 무수히 보여줍니다.

또한 언어란 우리가 자연스레 익히는 습득(acquisition)이지, 수학처럼 의도적으로 노력해 학습(learning)하는 것이 아니라는 것을 여러 실례를 통해 보여줍니다. 이 말은 일상에서 대화하면서 익히거나, 즐거운 독서에 빠져드는 경지, 즉 몰입할 때 언어를 배운다는 뜻입니다. 영어를 사용하지 않는 생활환경에서 크라센 박사의 주장은 중요한 점을 깨닫게 합니다. 교실을 벗어나면 영어를 접하기 어려운 우리가 영어에 노출될 수 있는 현실적인 방법은 무엇일까요? 바로 책 읽기입니다.

다양한 소재, 다양한 수준, 다양한 장르를 읽으면 교재에 나오는 인위적인 문장이 아닌 실제적인 글(authentic text)을 접할 수 있습니다. 독자는 작가들이 쓴 풍부한 어휘와 문체에 익숙해져 이를 자연스럽게 기억하고, 자신의 언어로 사용합니다. 흥미에 따라, 인지발달 단계에 따라 선택할 수 있는 책이 수없이 많습니다. 크라센 박사는 만화여도 좋고, 잡지여도 좋다, 아이가 영어로 쓰인 책에 몰입하게 두라, 고 합니다. 교실에서 자율 독서가 어려운 우리로서는 대신 가정에서 자유롭게 책을 읽게 해야 한다는 결심을 하게 만드는 대목입니다.

자율 독서는 외국어를 습득하는 이상의 효과를 줍니다. 자녀가 책 한 권을 꺼내 몰입해 읽는다면, 그 시간 동안 집중할 수 있다면, 이것이 바로 자기주도학습입니다. 여기서 중요한 것은 '몰입'과 '집중'입니다. 몰입하는 독서를 경험하지 못한 아이들이 교과과정이 심화되면 교과서를 읽고 이해하는 데 어려움을 느낍니다. 근래 선행학습이 유행하는 통에 아이들이 어려운 지식을 미리 알아야 한다고 종용하고 있습니다. 그러나 그보다 더 중요한 것은 그 지식을 익히는 데 드는 시간만큼 몰입할 수 있는 힘입니다. 무엇을 읽어야 아이들이 몰입할까요? 흥미로운 책이어야 합니다. 어려운 교재가 아닙니다. 이런 이유로 우리는 교사로서, 부모로서 아이들이 자율 독서를 할 수 있는 시간을 주어야 합니다.

즐거운 독서가 영어 습득에 도움이 된다는 주장, 마음으로 동의는 하지만 구체적 증거가 필요했던 분들께 이 책을 권합니다. 책을 많이 읽은 아이들이 문법도 잘하고 토플 점수도 높다는 말, 설마 하셨던 분들은 이 책을 읽으십시오. 객관적이고 타당한 설명으로 확신을 갖게 해줍니다. 무의미한 단어 목록을 들고 외우며, 문제 풀이에 시달리는 우리 아이들에게 재미있는 책을 골라 읽게 합시다. 금세기 영어교육계의 큰 스승 크라센 박사의 주장입니다.

크라센 박사의 책이 한국에서, 그것도 한국의 석학 조경숙 박사의 번역으로 출간됨을 축하드립니다. 이 책이 많은 사람들의 손에 닿기를 바랍니다. 그리하여 골목마다 도서관이, 학교마다 영어책이 꽉 차는 날이 앞당겨지기를 기원합니다.

— 홍현주(쑥쑥닷컴 영어교육연구소장)

옮긴이의 말

영어교육의 새로운 방향을
제시해주는 책

이 책을 저술한 크라센 교수는 외국어 습득 이론과 읽기 분야의 세계적인 권위자이다. 이 책은 크라센 교수가 오랜 기간 동안 연구한 결과물로서, 모국어 교육과 외국어 교육에 많은 도움이 되는 내용을 담고 있다. 여기서는 외국어로서의 영어교육에 초점을 맞추어 언급하고자 한다.

우리나라는 영어교육에 대한 관심이 상당히 높다. 그럼에도 불구하고 학습자가 지속적으로 흥미 있게 영어를 습득할 수 있는 방법을 찾기는 힘들다. 이러한 상황에서 이 책은 영어교육의 새로운 방향을 제시해 주고 있다는 점에서 의미가 크다.

이 책의 핵심 개념은 자발적인 읽기(Free Voluntary Reading)다. 자발적인 읽기란 학생들이 책을 좋아해서 스스로 읽는 것을 말한다. 이 책은 한마디로 책을 자발적으로 읽는 것이 얼마나 중요한지를 잘 설명해 주고 있다.

우리의 영어 읽기 교육은 어떠한가? 영어책을 자발적으로 읽는다는 것은 우리 학생들에게는 먼 개념으로 보인다. 대학생들에 의하면 영어책은 어렵고 재미없기 때문에 좋아하지 않고, 읽기라고 하면 '독해'라는 단어를 먼저 연상하게 된다고 한다. 그들에게 읽기란 어려운 문장을 해석하는 것이지 즐겁게 책을 읽는 활동은 아니었다고 한다. 심지어 재미있게 영어책을 읽는다는 것은 생각조차 해본 적이 없다고 한다. 그 정도로 즐겁게 책을 읽은 경험이 거의 전무했다.

어릴 때부터 아동들이 영어책 읽기에 흥미를 갖도록 하는 것은 매우 중요하다. 1997년부터 시작된 초등학교 영어교육은 16년이 지났음에도 아직까지 영어책 읽기가 활성화되지 않고 있으며, 영어에 대한 아동들의 흥미도도 저하되고 있다. 현장교사들에 의하면 아동들이 저학년일 때는 영어에 관심을 많이 보이다가 고학년으로 올라갈수록 흥미를 잃는다고 한다.

이 책은 이러한 현실적인 문제점을 많은 부분 해결해 줄 수 있는 영어교육의 방향을 제시해 주고 있다. 이 책에서 보여준 바와 같이 우선 초등학교에서는 교사가 정기적으로 영어책을 재미있게 읽어줌으로써 아동들이 자연스럽게 영어책 읽기에 흥미를 갖도록 할 수 있다. 또한 읽을거리를 준비하여 아동들이 자발적으로 영어책을 읽을 수 있는 기회를 마련해 주도록 한다. 아동들이 영어책 읽기에 재미를 느끼게 되면 현재 나타나고 있는 영어 자체에 대한 흥미 감소 현상도 해결될 수 있을 것이다. 또한 가정에서 부모와 아동들이 함께 정기적으로 영어

책을 재미있게 읽는 시간을 갖는다면 아동들은 책 읽기에 쉽게 흥미를 느끼게 되고 자발적으로 영어책을 읽을 가능성이 높아진다. 이 책에서 말하듯이 아동들이 영어책을 자발적으로 읽게 되면 영어를 자연스럽게 습득해 나갈 수 있다. 그리고 영어책 읽기가 지속되면 향후 능숙하게 영어를 구사할 수 있는 수준으로 발전할 수 있다.

영어책 읽기를 부담스럽게 생각하는 성인 학습자에게는 저자가 제시한 쉽고 재미있는 가벼운 읽기(light reading) 경험을 제공해 주어야 할 것이다. 우리 대학의 학생들은 가벼운 읽기를 경험한 후 영어책도 한글책과 마찬가지로 재미로 읽을 수 있다는 것을 깨닫게 되었다. 그리고 '독해'라는 어려운 읽기 대신에 쉽고 재미있는 책을 오래 전부터 접했더라면 영어 실력과 영어에 대한 태도가 지금쯤 많이 달라지지 않았을까 하는 아쉬움을 드러냈다.

학교 안팎에서 자발적인 영어책 읽기를 장려하기 위해서는, 이 책에서 많은 부분을 할애하여 논의한 바와 같이 영어도서관이 필수적이다. 영어책을 쉽게 접할 수 있다면 아동들은 영어에 흥미를 가질 수 있을 뿐만 아니라, 수준별 영어 읽기를 할 수 있어 아동들 간의 수준차도 줄어들 것이다. 또한 저소득층 아동들의 영어교육에 도움을 줄 수 있는 것도 바로 영어도서관이다.

영어에 대한 열기는 대단하지만 안타깝게도 기본적으로 갖추어야 할 영어도서관에 대한 투자는 매우 미흡한 실정이다. 영어도서관이 영어교육에 얼마나 중요한지 인식조차 부족하다. 영어도서관은 언제나 영어를 접할 수 있는 장소로서 지속적으로 자발적 읽기를 할 수 있는 장을 마련해 준다. 각 학교에 영어도서관을 마련하는 것은 저자가 강조하는 바와 같이 영어교육 기반을 위한 첫 번째 단계로 영어교육의 현실적인 문제를 해결하는 방안이 될 수 있다.

이 책은 영어교육 전문가뿐만 아니라 영어교육 행정가, 학부모들을 위한 필독서이다. 이 책을 통해서 영어교육 관계자들이 자발적인 영어책 읽기에 관심을 갖고, 이 책에서 제시한 영어책 읽기 교육 방법을 현장에서 실천해 나갔으면 하는 바람이 있다. 덧붙여, 학부모들도 재미있게 영어책을 읽는 것이 가장 좋은 '영어 습득 방법'이라는 사실을 인식하게 되기를 바란다. 이로써 학생들이 영어를 어려워하지 않고, 어디에서나 즐겁게 영어책을 읽는 모습을 볼 수 있게 되기를 기대해 본다.

끝으로 이 책이 나오기까지 성심껏 도움을 준 여러 학생들에게 감사의 말씀을 전한다.

― 조경숙

차례

추천사 외국어 교육의 거두 크라센 박사의 전설의 책을 만나보세요 • 4
옮긴이의 말 영어교육의 새로운 방향을 제시해주는 책 • 7
여는 글 언어를 배우는 가장 빠르고 즐거운 길 • 14

1장 읽기의 힘을 과학적으로 밝힌다

자발적인 읽기는 유일한 언어 습득법이다 • 20
  수업 시간이 즐거운 아이들 • 21
  외국어 습득에 극적인 효과가 나타나다 • 23
  많이 읽으면 더 잘 쓴다 • 27
  독서와 토플 점수의 관계 • 29
  작가 이름 알기와 어휘력의 관계 • 30
  문맥 속에서 생소한 단어를 접하면 어휘력이 는다 • 32
  단어를 열심히 외우면 어휘력이 향상될까? • 33
  많이 읽으면 철자 실력이 는다 • 34

언어는 '공부'로 배우기 어렵다 • 37
  언어는 규칙이나 단어를 하나씩 익혀서 배우기에는 너무 복잡하다 • 38
  읽고 쓰는 능력은 가르치지 않아도 발달할 수 있다 • 39
  독서로 쓰기 실력이 놀랍게 향상된 사람들 • 40
  철자법을 지도하지 않아도 철자를 습득할 수 있다 • 43
  영문법 공부는 도움이 안 된다 • 44

언어를 배우는 과정이 즐거워야 효과가 극대화된다 • 48
  아이들은 책을 읽으면서 몰입을 경험한다 • 49
  잠자리에서 하는 독서의 효과 • 51

성적이 좋아지는 책 읽기 방법 • 56
  창의적인 사람들의 공통점 • 57
  쓰기에 대한 불안감을 줄이려면 • 58

반복 훈련과 연습으로는 언어를 배우기 힘들다 • 59

2장 책 읽는 아이로 키우는 특별한 방법

책이 가까이에 있어야 한다 • 66
    집에 책이 많으면 독서를 더 많이 한다 • 67
    학급문고가 충실하면 독서를 더 많이 한다 • 67
    학교도서관이 괜찮으면 독서를 더 많이 한다 • 67
    공공도서관을 이용하기 쉬우면 더 많이 읽는다 • 69
    책이 많다고 모든 것이 해결되지는 않는다 • 72

책을 읽게 만드는 환경은 따로 있다 • 73
    도서관은 왜 중요한가 • 74
    학교도서관의 질과 읽기 점수 • 75
    가난한 아이들의 교육에 가장 중요한 것 • 78
    학급문고를 다시 보자 • 81
    사서가 있는 것과 없는 것의 차이 • 82
    모국어를 잘하는 사람이 외국어도 잘한다 • 84
    훌륭한 교사의 딜레마 • 85
    학생들의 성적 향상을 위해 가장 먼저 해야 할 일 • 86

소리 내어 책을 읽어주면 더 많이 읽는다 • 88

첫 키스 같은 한 권의 책을 만나게 해주자 • 93
    아이들의 독서 욕구를 자극할 책들 • 94

아이들은 다른 사람이 책 읽는 모습을 보면 더 많이 읽는다 • 98

책 읽을 시간을 주면 스스로 읽는다 • 100

아이에게 독서를 권장할 때 반드시 지켜야 할 것 • 102

독서 습관을 길러주는 4가지 요소 • 106

만화책에 관한 오해와 진실 • 109
    만화책은 선인가, 악인가 • 111
    만화책을 많이 읽으면 언어 발달이 지연되나 • 114

만화책의 리딩 레벨 • 115
　　만화책을 많이 읽으면 다른 책을 못 읽는다? • 118
　　책 읽기를 싫어하는 아이와 만화책 • 121
　　만화책과 영어 공부 • 123
　　만화책의 힘 • 127

하이틴 로맨스와 잡지를 활용하라 • 129

가벼운 읽기로 충분한가 • 134

독서 교육에서 보상과 시험은 효과가 있는가 • 137
　　책을 읽고 나서 테스트를 해야 하나 • 140
　　테스트를 하기 전에 생각해야 할 것 • 141

3장 이제 공부 방법이 달라져야 한다

긴장하면 언어 학습을 담당하는 뇌가 작동하지 않는다 • 146

글 쓰는 능력을 개발하는 2가지 결정적인 요소 • 150
　　문체는 읽기에서 나온다 • 150
　　글을 많이 쓴다고 잘 쓰는 것은 아니다 • 152
　　쓰기는 문제해결력을 키워준다 • 155

TV 시청과 독서 • 158
　　TV에서 사용하는 언어의 수준 • 161
　　TV와 언어 발달 • 162
　　독서를 방해하는 것은 TV가 아니다 • 164

외국어 학습에 지름길은 있다 • 165

즐겁게 책을 읽을 때, 노력하지 않아도 저절로 언어 실력이 는다 • 168

Note • 172
Reference • 190

여는 글

언어를 배우는
가장 빠르고 즐거운 길

> 수준 높은 학문이나 전문 영역에 필요한 고도의 언어 능력은 수년 동안 많은 책을 탐독해야만 습득할 수 있다. 그래야만 복잡한 이슈나 복합적으로 구성된 텍스트를 이해하는 능력과, 필체에 대한 민감성 및 텍스트에서 어떤 부분이 중요하고 어느 부분을 대충 훑어보고 넘어갈 것인지를 즉각 판단할 수 있는 전문적인 식견을 갖출 수 있다. - 메리 레온하르트

나는 '오프라 윈프리 쇼'에서 처음으로 리터러시(literacy, 읽고 쓰는 능력)가 위기라는 말을 들었다. 오프라 윈프리는 성인 '문맹인' 4명을 게스트로 초대했는데, 완전히 읽지도 쓰지도 못하는 사람들이었다. 출연자들은 자신들이 학교생활을 어떻게 해낼 수 있었는가에 대해 이야기했다. 그 사람들은 수업시간 내내 신경을 곤두세우고 친구들에게 의지해가며 겨우 살아남을 수 있었다고 한다. 날마다 하루하루를 살아내는 전략을 구사해가며 학교생활을 했다는 것이다. 예를 들어, 친구들과 식당에 가면 다른 친구들이 주문하는 것을 지켜본 후에 같은 것을 주문하는 식이었다.

이 프로그램이 끝난 뒤, 문맹인들이 처한 곤란한 상황에 대한 이야

기가 TV 영화로 만들어지기도 했다. 그리고 얼마 지나지 않아 성인 문맹인의 이야기를 담은 '스탠리와 아이리스(Stanley and Iris)'라는 영화가 개봉되었다. '오프라 윈프리 쇼'와 문맹인의 삶을 다룬 영화, 신문과 잡지 기사 덕분에 대중은 많은 사람이 완전히 문맹이고, 공립학교는 읽지 못하는 젊은이들을 양산한다는 인상을 갖게 되었다. 또한 글을 읽지 못하는 사람들에게 크게 소리 내어 읽는 파닉스(phonics)를 지도해서 문맹을 퇴치할 수 있다고 생각하게 되었다.

이 두 가지 생각은 모두 틀렸다. 적어도 미디어가 묘사하는 그런 종류의 문맹은 이제 없다. 무엇보다도 완전히 읽고 쓰지 못하는 상태로 학교를 졸업한 사람은 아주 극소수이다. 실제로 기본 수준으로 읽고 쓰는 능력을 갖춘 사람은 지난 수백 년 동안 꾸준히 증가하고 있다.

그러나 문제가 있다. 대부분의 사람들이 읽고 쓸 수는 있다. 단지 충분히 잘 읽고 잘 쓰지 못할 뿐이다. 기본 수준으로 읽고 쓸 수 있는 능력을 갖춘 사람은 지난 세기 동안 꾸준히 증가해 왔다. 그러나 현대 사회는 더 복잡한 리터러시 능력을 요구하고 있다. 현대 사회가 요구하는 만큼 충분히 잘 읽고 잘 쓸 수 없는 사람들이 많다는 말이다. 문제는 어떻게 학생들의 읽기 수준을 2학년이나 3학년으로 끌어올리느냐가 아니라, 어떻게 이 수준을 넘도록 하는가에 있다.

나는 이러한 위기를 해결하는 방안이 '독서'에 달려 있다고 본다. 특히 스스로 원해서 자발적으로 읽는 '자율 독서(Free Voluntary Reading, 이하 FVR로 표기)'를 추천한다. FVR이란 원해서 읽는 것을 의미한다. 학교에 다니는 아이에게 FVR이란, 독후감을 쓸 필요가 없고, 한 장(chapter)이 끝난 다음에 퀴즈에 답하지 않아도 되며, 단어의 뜻을 모두 사전에서 찾을 필요가 없는 것을 의미한다. FVR은 좋아하지 않는 책은 그만 읽고, 원하는 책을 읽는 것을 의미한다. 읽기와 쓰기 수준이 높은 사람들은 늘 이런 식으로 읽는다.

나는 FVR이 완전한 해답이라고 주장하지는 않는다. 자율 독서를 하는 사람들이 모두 하버드 법대에 입학할 수 있는 것은 아니다. 그러나 연구 결과를 보면, 잘 읽고 쓰지 못하는 아이나 성인이 책을 즐겁게 읽기 시작하면 좋은 결과가 나타난다는 것을 알 수 있다. 이해력이 향상되어 까다로운 내용을 더 잘 이해할 수 있다. 문체가 많이 향상되며 학교나 직장, 여러 연구 분야에서 만족할 만한 글을 쓸 수 있게 된다. 어휘력이 향상되고, 철자 쓰기와 문법 실력도 향상된다.

자율 독서를 하는 사람들은 이처럼 언어 능력을 향상시킬 수 있다. 반면, 책을 즐겁게 읽는 습관을 갖지 못한 사람들은 그러한 기회를 갖지 못한다. 그러면 현대 사회가 요구하는 리터러시 수준에 도달하는 데 큰 어려움을 겪는다.

또한 나는 FVR이 외국어 능력을 높은 수준으로 발전시킬 수 있는 방법이라고 확신한다. FVR은 초급 단계에서 외국어를 능숙하게 하는 고급 단계로 가는 교량 역할을 해주는 최선의 방법이다.

이 책은 자율 독서에 대한 연구와 자율 독서의 적용 방법, 그리고 읽기와 쓰기 능력에 관련된 이슈를 살펴볼 것이다. 원하는 책을 자발적으로 즐겁게 읽는 것이 어떤 효과를 낳는지를 이 책을 통해 확실하게 알 수 있을 것이다.

1장
읽기의 힘을 과학적으로 밝힌다

자발적인 읽기는
유일한 **언어 습득법**이다

'Free voluntary reading(이하 FVR)'이란 스스로 읽고 싶어서 읽는 자발적인 읽기로, 책을 읽고 난 후에 독후감을 쓰지 않아도 되고 각 챕터(chapter) 끝에 질문지가 없다. FVR에서는 원하지 않으면 책을 끝까지 읽지 않아도 된다. 이는 결국 특별한 읽기 기술이 아니라 우리가 늘 하는 읽기 방법이다.

FVR은 언어 교육에서 가장 효과적인 도구이다. 그러나 모국어 수업에서는 이 도구를 활용하지 않는다. 마찬가지로 중급 수준의 제2 언어나 외국어 수업에서도 활용하지 않는다. FVR만 한다고 해서 언어 수준이 최상위 수준으로 향상되지는 않는다. 하지만 더 높은 수준에 도달할 수 있는 기반을 제공한다. 즉, FVR 없이는 높은 수준에 도달하기 어렵다.

이 장에서는 FVR이 얼마나 효율적인 언어 학습 방법인지 증명해 주는 연구를 간략하게 살펴본다. 이러한 연구를 통해 내가 내린 결론은 간단하다. 읽기 외에 언어를 배우는 다른 방법은 거의 효과가 없다.

수업 시간이 즐거운 아이들

학교 자율 독서 프로그램은 독서의 힘에 대한 명확한 증거를 제공한다. 이 프로그램에서는 FVR을 자유롭게 실행할 수 있도록 학교 일정 중에 FVR 시간이 별도로 설정되어 있다.

자율 독서 프로그램은 3가지 종류로 구성되는데, 혼자 조용히 읽기(Sustained silent reading), 스스로 골라 읽기(Self-selected reading)와 다독(Extensive reading)이 있다.

조용히 읽기는 교사와 학생이 함께 매일 5~15분 정도 책을 읽는 방법이다. 스스로 골라 읽기는 교사와 학생이 읽은 것에 대해 논의하는 시간을 갖는 프로그램이다. 다독은 최소한의 과제가 제시되는데, 예를 들면 읽고 나서 짧게 요약하기 등이 있다.

표 1.1은 독해력 시험 결과를 통해 학교 자율 독서 프로그램의 효과를 정리한 것이다. 각 연구에서 책을 읽은 학생들과 전통적인 언어 수업을 받은 학생들을 비교하였다. 전통적인 언어 수업에서는 교사가 책을 지정해서 읽히고 문법, 어휘, 독해력, 철자를 가르쳤다.

▶ 표 1.1 읽기 이해도 시험 결과: 학교 자율 독서와 전통적 수업 방식 비교

기간	긍정적	차이 없음	부정적
7개월 미만	8	14	3
7개월 ~ 1년	9	10	0
1년 이상	8	2	0

이 표에서 알 수 있는 2가지 명확한 결과는 다음과 같다. 첫째, 학교 자율 독서 프로그램은 그 효과가 확실하며 일관성이 있다. 54개 비교 연구 중 51개(94%) 연구에서 책을 읽은 학생들은 전통적 수업에 참여한 학생들과 독해력 점수가 같거나 더 나은 결과를 얻은 것으로 나타났다.

자율 독서 프로그램에 참가한 학생과 전통적 수업에 참여한 학생 사이에서 나타난 '차이 없음'이라는 결과는 자율 독서가 전통적 교수법만큼 훌륭하다는 것을 암시한다. 이것은 또한 앞으로 살펴보게 될 중요한 이론이 타당하다는 것을 확인해 준다.

나중에 살펴보겠지만 FVR은 굉장히 즐거운 언어 교육 방식이며, 일반적인 지식을 쌓게 해준다는 명백한 증거가 있다. 설사 FVR이 읽고 쓰는 능력을 발달시키는 데 있어서 직접적 교수법과 효과가 같다고 하더라도 FVR을 우선 선택해야 할 것이다.

둘째, 연구 기간이 길수록 더 일관성 있는 긍정적인 결과를 보여준다. 그 이유는 학생들이 자신에게 맞는 책을 고르는 데 시간이 걸리기 때문이다. 교사들은 분명히 그 사실을 알고 있다. 표 1.1은 1년 이상 지속된 읽기 프로그램이 일관되게 효과적이라는 사실을 제시한다.[1]

학교 자율 독서 프로그램은 또한 어휘력 향상, 문법 시험, 쓰기, 말하기, 듣기 능력에도 효과적이다.

학교 자율 독서에 대한 몇몇 연구에서만 철자 습득에 관해 측정했다. 파우(Pfau)가 실시한 연구는 자율 독서에서 철자 습득이 향상되지 않았다고 보고한다. 그러나 콜린스(Collins), 하피즈(Hafiz)와 튜더(Tudor)의 연구에서는, 혼자 조용히 읽기를 한 학생이 전통적인 수업에 참여한 학생보다 철자 습득에서 더 결과가 좋은 것으로 나타났다. 반면 엘리(Elley)는 엇갈린 결과를 보고하였다. 학교에서 자율 독서를 한 그룹이 전통적으로 배운 학생들에 비해 철자 습득에서 더 결과가 좋았으나 또 다른 그룹의 학생들과 비교했을 때 별다른 차이는 없었다. 그러나 전통적으로 가르친 학생들이 더 우수하다는 사례는 없었다.[2]

표 1.1에 요약된 많은 연구는 미국 초등학교에서 모국어를 배우는 학생들을 대상으로 시행되었다. 다음에 제시되는 연구 결과는 자율 독서가 다른 상황에서도 매우 효과적이라는 것을 보여준다.

맥닐(McNeil)은 소년원에 있는 12~17세 소년 60명을 대상으로 자율 독서 프로그램의 효과에 대해 연구했다. 맥닐은 아이들에게 신문, 잡지, 책을 읽으라고 권장했다. 읽을거리는 소년원 교실 수업에서 토의 자료로 이용하는 것이었다. 1년 후 책을 읽은 아이들은 학업성취시험(SAT)을 보게 되었고, 그 결과 69.9점에서 82.7점으로 12.8점이 향상되었다. 반면에 비교 대상 그룹은 55.8에서 60.4로 4.6점 향상되었다.

외국어 습득에 극적인 효과가 나타나다

엘리와 만구하이(Mangubhai)의 연구는 자율 독서가 외국어 습득에 극적인 효과가 있다는 것을 보여주었다. 연구자들은 영어를 배우는 4~5학년 학생들을 세 그룹으로 나누어 매일 30분씩 영어 수업을 진행하였다. 한 그룹은 전통적인 교수법, 두 번째 그룹은 자율 독서, 세 번째는 함께 읽기(shared reading)로 수업을 했다. 함께 읽기란 좋은 책을 수업시간에 서로 공유하는 것으로, 잠잘 때 읽어주는 동화책처럼 교사가 여러 번 읽어주는 방법이다. 그 후 책에 대해 서로 이야기를 나누고, 다 같이 함께 읽고, 역할극을 해본다. 또 책 내용 중 한 부분을 선택해 그림을 그리기도 하고 그림과 관련된 내용을 쓰기도 하며, 인물과 사건을 바꾸어 다시 쓰기 활동을 한다. 2년이 경과한 후 자율 독서와 함께 읽기를 한 그룹이 전통적 수업을 한 그룹보다 독해력, 쓰기, 문법 시험에서 훨씬 뛰어난 성적을 받은 것으로 나타났다.

엘리는 또한 싱가포르에서 행한 연구에서 자율 독서가 외국어 습득에 상당한 효과가 있었다는 것을 보여주었다. 그는 싱가포르에서 6~9세 아동 약 3000명을 대상으로 1~3년 동안 연구를 실시했다.

함께 읽기와 자율 독서가 결합된 프로그램에 참가한 학생들은 독해력, 어휘, 말하기, 문법, 듣기, 쓰기 능력 테스트에서 전통적인 방법으로 학습한 학생들보다 훨씬 좋은 성적을 보여주었다.[3]

엘리는 남아프리카와 스리랑카에서도 연구를 진행했다. 즐겁게 책을 읽도록 한 아동들이 전통적인 방법으로 학습한 아동들에 비해 독해력과 쓰기 테스트에서 훨씬 좋은 성적을 보여주었다.

표 1.2는 남아프리카에서 실시한 연구 결과를 보여준다. 연구 대상 학교는 읽을거리가 부족한 환경이었다. 영어를 외국어로 배우는 학생들을 위해 흥미로운 책 60여 권과, 6종의 책을 10여 권씩 교실에 비치해 두었다. 교실에 있는 책을 교사가 큰 소리로 읽어주거나 학생들과 함께 읽기도 하고 조용히 읽기도 했다. 표 1.2는 각기 다른 지역에서 실시한 연구 결과인데, 전 지역에서 책을 읽은 학생들이 비교 대상 학생들에 비해 읽기 테스트에서 월등한 점수를 보여주었다. 또 매년 읽기 점수 격차가 커진다는 것을 알 수 있다.

▶ 표 1.2 남아프리카 학교에서 행한 읽기 연구: 읽기 테스트 점수

지역	4학년		5학년		6학년	
	독서 그룹	비독서 그룹	독서 그룹	비독서 그룹	독서 그룹	비독서 그룹
이스턴케이프	32.5	25.6	44	32.5	58.1	39
웨스턴케이프	36.2	30.2	40.4	34.3	53	40.4
자유주	32.3	30.1	44.3	37.1	47.2	40.5
나타우	39.5	28.3	47	32.3	63.1	35.1

출처: 엘리 (1998)

베니코 메이슨(Beniko Mason)의 연구는 학교에서 실시한 다독이 영어를 외국어로 배우는 성인 학생들에게 효과가 있다는 것을 보여준다. 베니코 메이슨의 첫 번째 연구에서 실험반 학생들은 일본 대학생들로, 필수 과목인 영어 수업을 수강한 학생들이었다. 실험반은 영어 성취도가 낮은 학생들로 구성된 특별반이었는데, 사전·사후 검사로 영어 문장에서 빠진 단어를 채우는 빈칸 채우기 시험을 보았다. 1학기 동안 실험반 학생들은 수준별로 구분된 영어책을 교실에서 읽고 과제로도 읽었다. 읽기 수업시간에 학생들이 최소한 해야 할 일이 있었다. 학생들은 간단한 줄거리를 쓰고, 일본어로 일기를 쓰며, 자신의 느낌, 의견, 발전 정도를 기록해야 했다. 반면 비교 대상 학생들은 전통적인 문법과 번역을 기초로 한 교육과정에 따라 학습하였다.

표 1.3이 보여주는 바와 같이 다독을 한 학생들은 학기 초에 매우 낮은 읽기 점수로 시작하였으나, 전통적인 방법으로 학습한 학생들보다 읽기 성적이 많이 향상되었다. 학기 말에는 전통적인 학습을 한 학생들의 점수를 거의 따라잡았다.

▶ 표 1. 3 일본에서 행한 읽기 연구 : 빈칸 채우기 테스트 결과

	사전 테스트 평균(표준편차)	사후 테스트 평균(표준편차)
다독 그룹	22.55(11.54)	31.40(11.43)
전통적 수업	29.70(8.23)	33.05(8.24)

출처: 메이슨, 크라센 (1997)

이 연구에서 가장 중요하고 인상적인 결과는 다독을 한 학생들의 태도가 긍정적으로 향상된 점이다.

한때는 억지로 영어를 공부하던 학생들이 영어책 읽기를 아주 좋아하는 의욕적인 독자가 되었다. 학생들은 자신의 영어 실력이 향상된 데 놀랐다는 일기를 썼으며, 자신이 읽은 영어책 내용을 이해했다고 기록하고 있다. 메이슨의 연구에서 흥미로운 점은 쉬운 책부터 시작해 어려운 책으로 나아가는 선형적 진행이 아니었다는 사실이다. 어떤 학생은 어려운 책을 읽고 나서 쉬운 책을 읽었고, 나중에 다시 어려운 책으로 돌아가기도 하였다.

그 후 메이슨이 실시한 연구를 보면, 1년 동안 책 읽기를 한 일반 대학 학생들과 2년제 대학 학생들 모두 전통적인 수업을 한 학생들보다 실력이 월등히 나았다. 또한 책을 읽은 학생들은 읽기뿐만 아니라 쓰기도 향상된 것으로 나타났다.

신(Shin)은 읽기 능력이 부진하여 여름학기 수업에 참가한 6학년 학생 200명을 대상으로 6주 동안 스스로 골라 읽기가 미치는 영향에 대해 살펴보았다. 각 그룹에서 약 30%는 영어 수준이 낮은 학생들이었다. 학생들은 매일 4시간씩 수업에 참가하였는데, 학교도서관에서 읽는 시간 25분을 포함해 약 두 시간은 마음에 드는 책을 골라 읽도록

했다. 그 지역은 인기 있는 문고판, 잡지,《구스범스Goosebumps(1990년대 출간된 아동용 미스터리 시리즈)》, 를 구입하는 데 학생 한 명당 25달러씩을 투자하였다. 그리고 매일 약 45분씩 윌슨 롤(Wilson Rawl)의 《나의 올드 댄, 나의 리틀 앤Where the red fern grows》과 스콧 오델(Scott O'Dell)의 《푸른 돌고래 섬The Island of the Blue Dolphins》같은 소설을 읽고 토론하였다. 비교 대상 아동들은 그 기간 동안 정규 영어 교육과정에 따라 수업을 받았다.

6주 동안의 읽기 프로그램 후 책을 읽은 그룹은 독해력 테스트에서 5개월 동안에 달성할 수 있는 독해력과 어휘력 향상을 보였다. 반면에 비교 그룹은 성적이 오히려 낮아졌다. 넬슨-데니(Nelson-Denny) 독해력 테스트에서 여름학기에 읽기 프로그램을 진행한 학생들은 1년이 넘어야 달성할 수 있는 실력을 보여주었다. 어휘 테스트에서는 읽기 그룹과 비교 그룹 모두 동일하게 향상되었다.

최근 읽기 능력을 향상시키기 위해 읽기 수준이 낮은 학생들을 여름학기에 보내야 한다는 경향이 있다. 하지만 이 연구는 읽기 프로그램이 반복과 연습보다 더 즐겁고 효과적이라는 것을 알려준다.[4]

많이 읽으면 더 잘 쓴다

많이 읽는 사람이 보편적으로 더 잘 읽고 더 세련된 문체를 가지고 있다. 학교에서 실시한 자율 독서와 같은 결과는 많은 연구에서 확인할 수 있다. 여기서는 몇 가지 예만 보여주기로 한다.

앤더슨과 윌슨, 필딩은 5학년 학생들에게 학교 밖에서 하는 과외활동을 기록하라고 하였다. 그 결과 2~5학년 학생들의 여러 과외활동 중 독서가 독해력 시험 점수를 포함하여 읽기 성취도(독해력, 어휘 및 읽기 속도)를 예측할 수 있는 최고의 지표라고 보고했다.

포스틀스웨이트(Postlethwaite)와 로스(Ross)는 전 세계 32개국 학교에서 9세 학생들 중 특히 읽기를 잘하는 학생들을 대상으로 연구를 하였다. 가정에서 보유하고 있는 책과 다른 배경은 통제하였다. 읽기 고득점을 얻는 150가지 예측 요인 중에서 자율 독서는 두 번째로 높은 예측 요인이었다. 즉, 학교에서 책, 잡지, 만화책을 많이 읽은 학생들이 더 잘 읽는다는 것이다. 세 번째 예측 요인은 수업시간 중 독서 시간의 양이었다.

김(Kim)은 여름방학 독서 프로그램에 참여한 5학년 학생들을 대상으로 연구를 하였다. 이 연구에서도 유사한 결과를 보고하였다. 다양한 요소(성별, 가난, 민족, 태도/동기, 정서적 불안, 학습장애 또는 제2 언어 학습자)를 통제하여 살펴본 결과, 여름방학 동안 독서를 많이 한 아동들이 독해력에서 높은 점수를 받았다.

김은 여름방학 동안에 책 1권을 읽는 것은 독해력 향상에서 0.03의 표준편차 증가와 관련이 있다고 계산했다. 따라서 5권을 읽는 것은 0.15의 표준편차 증가와 관련이 있다. 그러므로 여름방학마다 읽기를 계속한다면 설사 많은 양을 읽지 않더라도 그 영향력은 상당할 것이다.

다른 연구에서는 읽기의 양과 철자 쓰기도 상관관계가 있다는 것을 보여준다. 리(Lee)와 크라센이 중국 학생들을 대상으로 한 연구 그리고 리의 연구도 자율 독서와 쓰기 능력 간에 긍정적인 상관관계를 보여준다.

독서와 토플 점수의 관계

제2 언어 및 외국어와 관련된 연구는, 더 많이 읽은 사람이 다양한 시험에서 더 나은 성적을 얻는다는 것을 입증하였다.

스토크스(Stokes)와 크라센, 카츠너(Kartchner)는 스페인어를 외국어로 배우는 미국 학생들에게 숙달되기 어려운 동사의 형태에 대한 가정법 시험을 보게 하였다. 시험은 단순히 피실험자들의 문법 지식을 테스트하는 것이 아니라, 실제 상황에서 가정법 사용 능력을 살펴보는 것이었다.

시험에서 가정법을 측정한다는 것을 알아채지 못한 피실험자들만 연구 결과 분석에 포함되었다. 가정법 사용 능력을 예측할 수 있는 가장 큰 요인은 스페인어로 된 책을 자발적으로 읽은 양이었다. 스페인어 정규 수업시간과 가정법에 대해 특별 지도를 받은 시간, 스페인어를 사용하는 국가에서 거주한 기간은 가정법 사용 능력에서 중요한 예측 요인이 되지 못했다.

리(Lee)와 크라센, 그리본스(Gribbons)의 연구에서 미국 내 외국 유학생들이 영어 관계사절을 습득하는 과정에서도 비슷한 결과가 나왔다.

제2 언어로 읽기를 많이 한 학생들이 그 언어로 쓰기도 잘한다는 것이 몇몇 연구에서 확인되었다.

자율 독서의 양은 미국에 온 유학생들의 듣기 실력, 문법, 쓰기, 독해력을 측정하는 영어 시험인 토플 시험의 성적을 예측할 수 있는 중요한 요인이다. 자율 독서와 토플 성적의 관계는 미국에서 시험을 본 경우뿐만 아니라 해외에서 본 경우에도 상관관계가 있는 것으로 나타났다. 과외활동으로 읽기를 한 학생들과 자율 독서와 책 읽기를 한 학생들이 토플에서 높은 점수를 받은 것이다. 흥미로운 점은 과외활동으로 쓰기 공부를 한 시간은 토플 점수를 예측하는 데 중요한 요인이 아니라는 것이다.

자율 독서와 읽고 쓰는 능력 간의 상관관계가 모든 연구에서 크게 나타나지는 않았지만, 상당히 일관성 있게 나타났다. 이 관계를 조사한 거의 모든 연구에서 긍정적인 상관관계가 나타났다. 심지어 다른 시험이나 읽기 습관을 살펴보는 다른 연구에서도 읽기와 성적 간의 긍정적인 상관관계를 찾을 수 있었다.

자율 독서 연구 결과를 보면 다들 매우 인상적이다. 그러나 이 연구에는 몇 가지 문제점이 있다. 첫째, 사람들의 진술에만 의존해 독서량을 조사했기 때문에 연구 자료가 정확할 수도 그렇지 않을 수도 있다. 둘째, 읽고 쓰는 능력을 발달시키는 데 영향을 미칠 수 있는 다른 요인이 있을 수 있다. 많이 읽는 학생들이 어휘력 공부 등 다른 공부를 더 많이 했을 수도 있다. 학교에서 반복 연습을 더 많이 한 학생이 읽기 시험을 더 잘 칠 수도 있고 책도 더 잘 읽게 되어 결국 더 많이 읽을 수 있다. 이런 가능성은 희박하지만 있을 수도 있다.

혹자는 앞에서 논의된 학교 자율 독서도 이러한 문제점이 있을 수 있다고 반박할 수 있다. 더 많이 읽은 학생이 반복 연습을 더 많이 했을 수도 있다는 것이다. 이 또한 있을 법하지는 않지만 가능한 이야기다.

작가 이름 알기와 어휘력의 관계

키스 스타노비치(Keith Stanovich)는 일련의 연구에서 읽기의 힘을 살펴보는 데 효과가 있는 간단한 연구를 고안했다. 알고 있는 작가를 묻는 테스트(The Author Recognition Test)인데, 피험자가 목록에 있는 이름 중 작가 이름을 찾아서 표시하는 방식이다. 이것은 얼마나 많은 작가를 알고 있는지를 평가하는 것이다.

영어를 모국어로 사용하는 사람들에게 이 시험을 치르도록 하였는데, 시험 점수와 어휘력, 독해력, 철자 사용 능력이 관계가 깊은 것으로 나타났다. 이 결과는 다른 나라에서도 확인이 되었다. 중국어와 한국어에서도 알고 있는 작가 수와 쓰기 능력이 높은 상관관계가 있다고 밝혀졌으며, 스페인어에서는 어휘력과 관련이 있는 것으로 나타났다.

책을 더 많이 읽은 사람은 이 테스트에서 더 좋은 결과를 얻는다. 이것은 영어권 사람들, 한국어를 쓰는 사람들, 중국어를 쓰는 사람들, 스페인어를 쓰는 사람들 모두 마찬가지이다.

한 연구는 작가에 관해 묻는 테스트에서 점수가 높은 사람이 실제로 책을 읽고 있을 가능성이 높은 것으로 보고하였다. 웨스트(West), 스타노비치, 미첼(Mitchel)은 공항에서 비행기에 탑승할 승객을 관찰했다. 공항에서 10분 이상 독서하며 비행기를 기다리는 사람은 독서하는 사람으로, 그렇지 않은 승객은 독서하지 않는 사람으로 분류하였다. 독서를 하고 있던 사람은 그렇지 않은 사람보다 작가에 관한 시험과 간단한 어휘 시험에서 훨씬 더 나은 점수를 얻었다.

외국어를 배우는 학생들을 대상으로 작가에 관한 테스트를 실시한 연구가 있다.

김(Kim)과 크라센은 고등학교에서 영어를 외국어로 배우는 학생들을 연구하였다. 그 결과 작가에 관한 시험에서 얻은 점수는 영어 어휘력을 예측할 수 있는 훌륭한 요인이라고 보고했다. 게다가 영어 자율 독서를 더 많이 했다고 보고한 학생들이 작가에 관한 시험에서 더 잘하는 경향을 보여주었다.

작가에 관한 테스트는 여가시간에 재미로 하는 독서와 언어 발달 사이에 연관성이 있다는 것을 확실히 보여준다. 뿐만 아니라 작가에 관해 묻는 테스트와 비슷한 방법(잡지를 알고 있는지 묻는 테스트, 책 제목을 알고 있는지 묻는 테스트)으로 읽기관련 연구 작업을 간소화할 수 있을 것이다.

문맥 속에서 생소한 단어를 접하면 어휘력이 는다

읽기 후 테스트를 한 연구 또한 읽기의 힘을 증명해 준다. 읽기 후 테스트를 한 연구에서 연구대상자들은 익숙하지 않은 단어가 들어 있는 글을 읽는다. 연구대상자들은 글 속에 생소한 단어가 포함되어 있다는 것을 미리 알지 못할 뿐만 아니라, 글 읽기가 끝난 후 어휘와 철자 시험이 있을 것이라는 것도 전혀 모른다. 연구대상자들에게 글의 의미를 파악하면서 읽도록 안내한다. 글을 읽고 난 후 생소한 단어의 의미를 습득했는지, 철자를 더 잘 알게 되었는지 시험을 본다. 이러한 읽기 후 테스트의 연구 목적은 내용을 이해하는 과정에서 '부수적(incidental)'으로 생기는 어휘 습득에 대해서 살펴보는 것이다.

일리노이 대학에서 중요한 읽기 후 테스트에 관한 연구가 진행되었다. 연구대상자들은 초등학교 학생들이고, 초등학교 교과서에 나오는 문단이 읽기 테스트에 사용되었다. 연구자들은 피실험자가 해당 단어의 의미를 얼마나 파악했는지 민감하게 관찰했다.

이 연구에서 연구자들은 익숙하지 않은 단어를 책에서 보게 될 때, "단어에 대한 지식이 확실하게 향상된다."라는 결론을 내렸다.

단어를 열심히 외우면 어휘력이 향상될까?

사라기(Saragi), 네이션(Nation), 마이스터(Meister)가 실시한 연구는 읽기를 통해 어휘를 습득할 수 있다는 것을 확실하게 보여주었다. 이 연구에서는 영어를 모국어로 사용하는 성인들에게 '나드사트(Nadsat)'라고 불리는 은어 241개가 들어 있는 앤서니 버지스(Anthony Burgess)의 소설 《시계태엽 오렌지A Clockwork Orange》를 읽도록 했다. 각 은어는 평균 15번 반복해서 나온다. 몇 명의 학습자는 읽기 전에 그 뜻을 알고 있었다. 서점에서 판매되는 소설책의 뒷표지에 사전이 있어서 알려고 하면 은어의 뜻을 알 수 있었다.

이 연구에서 피실험자들에게 《시계태엽 오렌지》를 읽게 했고, 다 읽은 후 내용 이해와 문학 비평에 대한 테스트를 한다고 알려주었다. 연구대상자들에게 은어를 공부하거나 외우라고 하지는 않았다. 중요한 점은 피실험자들에게 뒷표지에 사전이 없는 책을 제공했다는 점이다. 연구대상자들은 각자 편한 시간에 책을 읽었고, 책을 읽는 데 3일 정도 걸렸다. 그보다 더 빨리 읽은 사람도 있었다. 그리고 며칠 후 나드사트 은어 90개가 들어 있는 선다형 테스트를 실시했다.

그 결과 어휘 습득이 상당히 많이 이루어졌다는 것을 알 수 있었다. 단순히 소설을 읽는 것만으로도 정답률이 50%부터 96%에 이르렀다. 평균은 76%였으며, 최소 45개 이상의 단어를 습득했다.

제2 언어로 읽기 후 테스트를 한 연구에서도 읽기를 통해 어휘를 습득할 수 있다는 것이 확인되었다.

허먼(Hermann)의 연구에서는 영어를 외국어로 배우는 성인 학습자들을 대상으로 《동물농장Animal Farm》에 나오는 단어를 테스트했다. 한 그룹은 단어를 기계적으로 암기했고, 다른 그룹은 책을 읽기만 했다. 연구대상자들은 어휘 시험을 본다는 것을 알지 못했다. 일주일 후에 시험을 본 결과 단어를 외운 그룹의 점수가 더 높았다. 하지만 3주 후에는 두 그룹 간에 차이가 없었다. 시험을 두 번 보는 동안 단어를 기계적으로 외운 그룹은 단어를 잊었지만 독서를 한 그룹은 실질적으로 어휘력이 향상되었다.[5]

단어의 의미를 이해하는 데 좋은 단서를 제공하는 특정한 문맥이 있다. 하지만 연구 결과를 보면 대부분 모든 문맥이 단어를 이해하는 데 도움을 준다.

벡(Beck), 맥케온(McKeown), 매카슬린(MaCaslin)은 초등학생용 읽기 교재를 조사한 결과 61%의 문맥은 생소한 단어의 의미를 이해하는 데 도움을 주지만, 31%는 도움이 되지 않고, 8%는 의미를 오해하게 만든다는 것을 찾아냈다.

간혹 문맥에서 단어의 의미를 파악해내지 못하거나 잘못 이해하기도 하지만 결국 독자들은 문맥을 통해서 모르는 단어의 의미를 알게 된다. 책을 읽고도 알지 못하고 넘어가거나 사전을 찾아봐야 하거나, 완전히 잘못 이해한 단어는 얼마 되지 않는다. 반면 문맥에서 그 의미를 제대로 파악한 단어의 양은 엄청나다.[6]

많이 읽으면 철자 실력이 는다

철자 습득을 살펴보기 위한 연구에서도 비슷한 결과가 나타났다. 모르는 철자가 포함된 단락을 읽고 난 독자들은 철자 실력이 약간 향상되었다.

니스벳(Nisbet)의 연구가 전형적인 예이다. 11~14세 학생들에게 철자를 모르는 단어가 포함된 글을 읽게 했다. 글을 읽은 후 학생들은 모르는 단어 25개 중 평균 1개의 단어를 쓸 수 있었다. 니스벳은 이 수치는 주목할 만한 정도는 아니라고 밝혔다. "다독과 문장 공부로 철자법을 배울 수 있다. 하지만 철자 지도를 무시해도 된다고 말할 수는 없다"라고 결론지었다. 그러나 책을 충분히 많이 읽는다면 충분히 철자 능력이 향상될 수도 있다.[7]

교사들은 읽기를 통해서 철자법을 익힐 수 있다는 가설을 익히 경험하고 있다. 철자가 틀린 단어를 읽으면 철자법이 오히려 더 나빠지는 것이다.

연구 방식이 약간 변형된 읽기 후 테스트를 한 연구가 있다. 이 연구에서는 학생이 쓴 에세이를 읽는 것은 정확한 철자를 익히는 데 위험할 수 있다는 사실을 밝혀냈다. 이 연구에서 피실험자들은 철자법이 잘못된 여러 단어를 한 번 읽고 철자 시험을 봤다. 잘못된 단어를 한 번밖에 읽지 않았지만 피실험자는 철자가 바른 단어를 본 사람들보다 현저하게 나쁜 성적을 받았다.

학교 안팎에서 이루어지는 자율 독서에 대한 연구에서 더 많이 읽은 학생일수록 독해력, 쓰기, 어휘, 철자법, 문법 실력이 더 뛰어나다는 결과가 나타났다. 읽기 후 테스트에 관한 연구는 읽기가 어휘력과 철자 능력을 향상시킨다는 것을 입증한다. 그림 1.1은 읽기 가설을 요약한 것이다.[8]

이러한 결과에도 불구하고 독서가 읽고 쓰는 능력을 향상시킬 수 있는 유일한 방법이라는 데는 이견이 있을 수 있다. 다음은 이에 반대되는 가설, 즉 읽고 쓰는 능력은 직접 가르쳐야 한다는 가설에 대해 살펴보기로 한다.

▶ 그림 1.1 읽기 가설

언어는 '**공부**'로
배우기 어렵다

언어를 가르치고 배우는 과정은 두 가지 방법으로 이루어진다.

① 스킬 학습: 언어의 규칙과 단어의 의미 또는 철자를 학습하고, 규칙을 자동으로 사용할 수 있도록 연습하는 것이다.
② 오류 교정: 오류를 교정해 주면 학생이 규칙과 단어, 철자에 관한 지식을 수정하여 사용한다고 기대한다.

이러한 직접 교수가 왜 언어 학습에 도움이 되지 않는지 주목할 만한 몇 가지 이유가 있다. 각 이유는 충분히 설득력이 있으며, 직접 교수에 반대하는 사례가 압도적으로 많다. 직접 교수에 반대하는 세 가지 논쟁은 다음과 같다.

① 언어는 규칙이나 단어로 한꺼번에 가르치기에는 너무 방대하고 복잡하다(복잡성 논쟁).
② 읽고 쓰는 능력은 지도를 받지 않고도 발달될 수 있다.
③ 직접 교수의 효과는 적거나 거의 없다. 직접 교수의 효과를 보여주는 연구가 있다 하더라도 직접 교수의 효과는 시간이 흐름에 따라 사라진다.

언어는 규칙이나 단어를 하나씩 익혀서 배우기에는 너무 복잡하다

많은 학자들이 언어는 너무 복잡해서 의도적이고 의식적으로 언어 규칙을 하나씩 배울 수 없다고 말한다. 문법, 철자, 파닉스, 문체, 어휘를 습득하는 데 대한 논쟁이 계속 이어지고 있다.

가장 구체적인 예는 어휘이다. 성인의 어휘는 4만~15만 6,000개로 추정되며, 초등학교 학생의 경우 하루에 8~14개 이상의 단어를 습득한다는 주장이 있다.

이처럼 습득해야 할 단어가 매우 많을 뿐만 아니라, 능숙한 언어 사용자들이 습득한 미묘하고 복잡한 의미의 단어도 있다. 어떤 단어는 그 의미를 동의어가 완전히 나타내주지 못하는 경우도 있다. 피네간(Finegan)에 의하면 같은 뜻을 가진 것처럼 보이는 단어도 약간 다른 개념으로 언급되거나 다른 방법으로 사용된다고 한다.[9]

또한 우리가 어휘를 습득할 때 문법 지식도 상당히 많이 습득한다. 간단한 예를 들어 보자. 우리는 "John told a joke."라고 말하지 "John told."라고 하지 않는다. 이번에는 조금 더 복잡한 문법 사항을 보자. "John is easy to please."에서 주어는 'someone'이지 'John'이 아니다. 그러니까 '(누군가) 존을 기분좋게 하기는 쉽다'는 뜻이다. 그러나 "John is eager to please."에서는 'please'의 주어가 'John'이다. 이 문장은 '존이 (누군가를) 기쁘게 해주려고 열심이다'라는 뜻이 된다. 문법학자들도 이러한 미묘한 차이점을 적절히 일반화하여 설명하기 어려워하고 이것을 잘 가르치지 않는다.

어휘 지도는 간단한 동의어를 가르치는 데 초점을 둔다. 이런 방법으로는 단어가 가진 의미의 일부분만 전달할 뿐, 사회적인 의미나 문법적인 속성을 전달하지는 못한다.

읽고 쓰는 능력은 가르치지 않아도 발달할 수 있다

언어를 지도하지 않아도 읽고 쓰는 능력이 발달할 수 있다는 명백한 증거가 많다. 게다가 이러한 증거는 읽기만으로도 언어 능력이 발달할 수 있다고 제안한다.

앞서 살펴본 읽기 후 테스트에 관한 연구는, 특별한 지도 없이도 언어 발달이 가능하다는 사실을 보여준다. 이 연구에서 스킬 학습이나 오류 교정 없이도 어휘와 철자 습득이 분명히 이루어졌다.

비슷한 예로 학교 자율 독서 프로그램에 참가한 학생들은 직접 지도를 받지 않아도 전통적인 교수법으로 배운 학생들과 비교하여 읽고 쓰는 능력이 비슷하거나 더 뛰어나다는 것을 보여주었다.

어휘가 풍부하고 글을 잘 쓰는 사람들은 공부를 해서 언어 능력이 발달했다고 주장하지 않는다. 스미스(Smith)와 수파니치(Supanich)의 연구를 보면 회사 사장 456명이 비교 그룹의 성인보다 훨씬 높은 어휘 점수를 받았다. 이들 중 학교를 졸업한 후 어휘력 향상을 위해 노력을 한 사람은 54.5%이고, 이 중 약 절반이 독서를 하였다고 답하였다. 어휘력을 높이기 위해 노력한 사람 중 단 14%(전체의 3%)만이 단어집을 사용했다고 응답했다.

독서로 쓰기 실력이 놀랍게 향상된 사람들

독서만으로 언어 발달이 충분하다는 것을 보여주는 주목할 만한 사례가 있다. 리차드 라이트(Richard Wright, 흑인 차별 대우에 저항한 미국의 소설가)는 책을 읽고 글을 쓰는 것을 탐탁해하지 않는 가정에서 자랐다. 그의 할머니는 라이트가 집에 가져온 책을 세속적이라며 태워버렸다.

라이트는 자신의 집에서 하숙을 하는 학교 교사가 소설을 읽어준 덕분에 어릴 때부터 이야기를 읽고 듣는 것에 흥미를 느끼게 되었다. 그러나 책을 접하기가 매우 어려웠다. 라이트는 신문을 읽기 위해 신문을 배달했다. 또한 백인만 도서관에서 책을 대출할 수 있었기 때문에 동료의 도서관 카드를 사용했다.

라이트는 자신이 책을 읽었기 때문에 작가가 될 수 있었다고 말했다. "나는 글을 쓰고 싶었지만 영어도 몰랐다. 영어 문법책을 샀지만 따분했다. 문법이 아닌 소설에서 언어 감각이 늘어가는 것을 느꼈다."

리차드 라이트가 소설에 크게 의존했다면, 흑인 운동가 말콤 X는 논픽션으로 읽고 쓰는 능력이 발달했다고 말한다. 말콤 X가 쓴 자서전에 의하면 그는 학교에서 일찍이 두각을 나타내었다. 학급 반장을 맡기도 했다. 그러나 "길거리 생활이 학교에서 배운 것을 다 지워버렸다." 그가 최초로 글쓰기를 시도한 것은 종교 지도자 모하메드에게 보낸 편지였다고 한다.

나는 모하메드에게 보내는 편지를 쓰면서 첫 페이지를 25번도 넘게 다시 썼다. 고치고 또 고치면서 이해할 수 있는 글을 쓰려고 노력했다. 사실 내가 쓴 글씨를 나 자신도 읽을 수가 없었다. 지금 생각해도 부끄럽다. 철자와 문법이 엉망이었다.

변화는 감옥에서 일어났다. "TV에서 내 이야기를 듣거나 내 책을 읽은 사람들은 내가 고등학교는 다녔을 것이라고 생각한다. 이 정도나마 읽고 쓸 수 있는 것은 전적으로 감옥에서 공부한 덕분이다."

'감옥에서 하는 공부'는 독서가 대부분이었다. 처음에는 어휘를 늘리기 위해 사전으로 공부하면서 독서를 했고, 점점 독서광이 되어갔다. "나는 자유 시간이면 언제나 도서관이나 내 침대에서 책을 읽었다. 아무도 내 독서를 방해할 수 없었다."

리차드 라이트와 마찬가지로 말콤 X도 독서에 무한한 신뢰를 가지고 있었다. "얼마 전 한 영국 작가가 전화를 걸어 '출신 학교가 어디냐?'고 묻기에 '책'이라고 말했다."

다음에 나오는 사례도 매우 흥미롭다. 제2 언어로 독서를 할 때도 언어 발달이 가능하다는 것을 보여주기 때문이다. 두 가지 경우 모두 학생들은 읽고 쓰는 능력이 향상되고 있다는 것을 인지하지 못했다.

시걸(Segal)은 자신의 학생이었던 L의 사례를 들려주었다. L은 17살 이스라엘 학생으로 집에서 남아프리카 출신의 부모님과 영어로 대화한다. 하지만 영어 작문에 심각한 문제가 있었다. 시걸은 L이 고등학교 1학년(원서에는 10학년으로 표기돼 있으나 한국어판에서는 편의상 고1로 표기한다. 편집자 주)일 때 다양한 방법을 시도하였다.

오류 수정은 실패로 끝났다. L은 자신의 실수를 고치려고 노력하였고, 공책에 부지런히 베껴 써 보았지만 효과가 없었다. 작문 표현이 형편없었고 어휘력이 너무 빈약했다. L이 작문을 하기 전에 나는 구성과 아이디어에 대해 L과 의논했다.

조금 발전이 있었다. 나는 L에게 6주 동안 매주 단어를 5개씩 외우게 했다. 그리고 쉬는 시간에 편안하게 테스트를 했다. 처음에는 잘하였으나 마지막 6주에는 알고 있던 철자도 잘못 쓰곤 하였다.

게다가 L의 어머니는 개인 과외를 시켰다. 그러나 효과가 없었다고 한다. 시걸은 L이 고교 2학년일 때도 지도하였는데, 학기 초에 L에게 에세이를 쓰게 하였다.

L의 작문을 본 순간 나는 잠깐 멈칫했다. 거의 완벽한 에세이였다. 철자 오류도 없고, 문장도 명확했다. 아이디어도 좋았고 글쓴이의 생각이 잘 녹아 있었다. 자신의 생각을 읽는 사람이 이해하기 쉽도록 일목요연하게 글을 써내려갔으며, 어휘력도 향상되었다. 나는 놀랍고도 어리둥절했다.

나중에 시걸은 L의 에세이가 향상된 이유를 알게 되었다. L은 여름방학 동안 책 읽는 사람이 되어 있었다. L은 "이번 여름만큼 책을 많이 읽은 적이 없어요. 도서관에서 책을 읽기 시작하면 멈출 수가 없었어요."라고 말했다. 2학년 때 L의 성적은 매우 우수했고 독서 습관은 계속되었다.

12살 코헨(Cohen)은 터키에서 영어를 사용하는 학교에 다녔다. 첫 2

년간 영어를 집중적으로 공부했고, 두 달 뒤에 영어를 읽기 시작하였다. 코헨은 "영어책을 보이는 대로 다 읽었다. 집에 영어책이 많이 있었고, 영국문화원 도서관 회원이 되어 책을 빌려서 읽었다. 서점에서 영어책을 구입해서 읽기도 했다. 중학교에 입학을 즈음 나는 책벌레였다."라고 말했다.

그러나 중학교 때 코헨은 좋지 않은 경험을 하게 된다.

나는 작문 숙제를 내주는 새 영어 선생님을 만났다. 선생님은 내가 낸 에세이를 채점하지 않고 그냥 돌려주면서 화를 냈다. 선생님은 누가 내 작문 숙제를 도와주었는지 알고 싶어 했다. 에세이는 100% 내 작품이었다. 나는 심지어 사전도 사용하지 않았다. 선생님은 나를 믿지 않았다. 문장과 단어에 밑줄을 긋고는 어떻게 그 뜻을 아느냐고 물었다. 선생님이 밑줄을 그어놓은 단어는 우리가 하는 수업의 수준을 훨씬 뛰어넘는 것이었다. 게다가 나는 수업에 많이 참여하지도 않았다. 몇 년이 지나도록 내가 그 단어들을 어떻게 알게 되었는지 설명하지 못했다. 그냥 알게 되었을 뿐이다.

철자법을 지도하지 않아도 철자를 습득할 수 있다

아이들이 철자법을 지도받지 않아도 철자를 습득할 수 있다는 훌륭한 증거가 있다. 이 증거를 가장 먼저 보여준 연구는 코르먼(Cornman)의 연구로 3년 동안 초등학교에서 철자 지도를 하지 않은 효과에 대한 내용이다(그러나 여전히 선생님들은 철자를 교정해 주고 있다). 코르먼의 결론은 철자 지도의 효과는 '무시해도 될 정도'이다. 철자 지도를 받지 않은 학생들도 계속 철자법이 향상되고 있고 전년도 학생들만큼 잘했으며

다른 학교 학생과 같은 수준으로 잘했다고 보고했다.[10]

코르먼의 연구 결과를 리차드가 다시 연구했다. 중학교 1, 2, 3학년 학생 78명을 대상으로 1년 동안 철자 지도를 하지 않고 그 결과를 살펴보았다. 연구 결과 철자 지도를 받지 않은 학생의 68%가 철자 사용 능력이 향상되었고, 20%는 변화가 없었으며, 12%만이 더 나빠진 것으로 나타났다. 같은 연구를 실행한 카이트(Kyte)도 철자 수업을 받지 않은 '철자를 잘 쓰는 학생들'의 능력이 지속적으로 향상된다는 것을 알아내었다.

어린 아이들도 지도를 받지 않고 철자를 익힐 수 있다. 굿맨(Goodman)은 딸 케이가 정식 지도도 받지 않고 읽기와 철자 쓰기를 학교 가기 전에 배웠다고 보고하였다. 6세에는 3학년 수준의 단어 목록에서 58%의 철자를 쓸 수 있었고, 철자가 올바른지 91%나 알아냈다.

몇몇 연구자들은 아이들이 교실에서 배우지 않은 상당한 수의 단어를 바르게 쓸 수 있다는 것을 발견했다. 그리고 이미 공부한 단어의 철자 실력도 매년 향상된다. 이것은 철자법을 지도하지 않아도 철자 능력이 향상된다는 추가적인 증거다.

하간(Haggan)은 제2 언어를 배우는 성인들이 철자법 지도 없이 철자를 향상시킨 예를 그 증거로 제시했다. 하간에 따르면 교육과정에서 철자법을 강조하지 않았음에도 불구하고 쿠웨이트 대학의 영어 전공자들 중 4학년이 1학년보다 쓰기에서 더 적은 오류를 범한다고 보고하고 있다.

영문법 공부는 도움이 안 된다

앞서 살펴본 학교 자율 독서 연구를 보면, 자율 독서와 직접 교수를 비교했을 때 자율 독서는 직접 교수만큼 효과가 있거나 더 낫다. 장기적으로 볼 때는 자율 독서가 더 효과적이다. 덧붙여 스노우(Snow), 반스(Barnes), 챈들러(Chandler), 굿맨(Goodman)과 햄필(Hemphill)의 연구에서 4년 동안 어휘 지도를 받은 시간과 독해력 및 어휘 향상 점수 간에는 특별한 상관관계가 없었다고 보고했다.

스노우 등 연구자들은 교과서나 워크북으로 공부하는 것은 독해력과 상관관계가 없었으나 숙제로 워크북을 사용하는 것은 독해력과 긍정적인 상관관계가 있다고 보고했다. 이 결과는 이 장에서 논의하고자 하는 다른 연구 결과와 상충된다.

학교 자율 독서가 철자 쓰기 향상에 미치는 영향에 관해서는 명확하게 결론이 나지는 않았지만, 철자 지도가 거의 효과가 없다는 증거가 많이 있다.

라이스(Rice)는 아이들이 철자법을 배운 시간과 철자를 쓰는 능력 사이에 아무런 연관이 없다고 주장한다.[11]

철자 지도가 효과가 없다는 또 다른 증거는 브랜덴버그(Brandenburg)의 연구 결과이다. 한 학기 동안 대학생들이 제출한 심리학 과제물에 잘못된 철자를 계속 표시해 주었으나 철자의 정확도가 향상되지 않았다고 보고하였다.

마지막으로 쿡(Cook)의 연구에서 학생들은 철자 규칙을 익히고 적용하는 데 어려움을 겪는다는 것을 보여준다. 96개 고등학교와 대학교 학생들을 대상으로 이전 학기에 배운 철자 규칙을 테스트하기 위해 단어 시험을 보았다. 그 결과 1) 규칙을 알고 그 규칙을 시험에 적용한 학생, 2) 규칙을 알지만 적용하지 않은 학생, 3) 규칙을 전혀 모르는 학생 간에 철자의 정확도에 차이가 없다는 것을 밝혀냈다. 또한 대학생이 시험 성적이 더 좋았지만 고등학생들이 더 많은 철자 규칙을 알고 있었다. 이것은 철자 규칙을 아는 것과 철자를 정확하게 쓰는 것은 상관관계가 없다는 것을 확인해 준다.[12]

철자 지도가 철자법에 미치는 영향이 분명히 있다는 것을 보여주는 연구는 단 2개에 불과했다. 톰프슨(Thompson)의 연구는, 지도를 받은 학생이 지도를 받지 않은 학생에 비해 6개월 이상 수준이 앞선다고 보고하고 있다. 나는 이 결과에 대해 학생들이 받는 철자 지도 시간이 너무 많다고 지적하였다.

해밀(Hammill), 라센(Larsen), 맥너트(McNutt)의 연구에서는 철자 지도를 받은 3, 4학년 학생들이 지도를 받지 않은 학생들에 비해 월등하게 뛰어났다. 그러나 5, 6학년이 되면 이 효과가 사라졌고, 철자 지도를 받은 학생과 그렇지 않은 학생 사이에 철자의 정확성에 차이가 없었다. 철자 지도는 철자 쓰는 방법을 알도록 도와줄 때 효과가 있는데, 나중에 아이들은 자기 나름대로의 방법으로 철자를 알게 된다.[13]

와일드(Wilde)는 각 단어의 철자를 직접 지도로 배우는 데 20분이나 걸린다고 추정했다. 그에 의하면 철자 지도 프로그램에서는 1년 동안 약 720개의 단어를 다룰 수 있는데, 하루 15분 또는 한 해에 45시간 지도하게 된다. 그러나 학생들은 철자를 지도받기 전에 65% 정도를 이미 습득했을 것이고, 12% 정도는 1년 동안 자연적으로 습득하게 되는데, 이를 합하면 77%가 된다. 95% 정도를 숙달한다고 가정하면 직접 지도로 720개 단어의 18%(95-77%) 또는 130여 개 단어를 가르쳐야 한다. 1년 동안 철자 지도를 45시간 받는다고 계산하면 한 단어의 철자를 배우는 데 대략 20분이 걸린다.

1935년부터 진행된 일련의 연구는 문법 지도가 읽기와 쓰기에 효과가 없다는 것을 분명하게 보여준다. 가장 철두철미하게 이루어진 연구는 뉴질랜드에서 실행된 연구이다(Elley, Barham, Lamb, and Wyllie). 이 연구에서는 영어 수업에 참여하는 고등학생을 세 그룹(전통 문법, 변형 문법, 문법을 배우지 않음)으로 나누어 3년 동안 매년 평가하였다. 엘리(Elley) 등 연구자들은 세 그룹 사이에 독해력, 문체, 작문 능력, 어휘력에 차이가 없다는 것을 확인했다. 1년 뒤 이루어진 후속 연구에서도 차이가 없는 것으로 나타났다. 연구자들은 다음과 같이 결론을 내렸다. "전통 문법이든 변형 문법이든 영어 문법은 중·고등학생의 언어 성장에 영향을 미치지 않는다."

복잡한 문법 구조에 대한 학습은 읽기나 쓰기에 도움이 되지 않는다. 오히려 복잡한 문법을 숙달하는 것은 읽기를 통해 가능하다.[14]

언어를 **배우는 과정**이 즐거워야 **효과**가 **극대화**된다

> 만약 당신이 경험해 보지 않았다면 말하고 싶다. 책에 나오는 단어의 의미와 생각에 사로잡혀 자신을 잃어버릴 만큼 좋은 책을 읽는다는 것은, 나와 같은 사람들에게는 형언할 수 없는 행복이다. – 아시모브

나는 즐거움이 중요하다고 강조한다. 언어를 배우는 활동은 즐거워야 한다. 물론 활동이 즐겁다고 해서 언어 습득에 유익하다고 단정 지을 수는 없다. 어떤 활동은 즐겁기는 하나 언어 습득에 전혀 도움이 되지 않을 수도 있다. 즐거움이 언어 습득에 효과가 있다고 장담할 수는 없다. 하지만 자율 독서가 매우 즐겁다는 사실을 통해 즐거움은 언어를 배우는 데 강력한 힘이 된다고 말할 수 있다.

그 증거는 몰입(flow)의 개념을 소개한 심리학자 미하이 칙센트미하이의 연구에서 엿볼 수 있다. '몰입'이란 어떠한 활동에 노력 없이 자연스럽고 깊게 빠져드는 상태에 이르는 것을 말한다. 몰입 상태에서는 삶에 대한 걱정은 물론 심지어 자기 자신에 대한 감정까지 사라진다. 시간 개념이 바뀌어 몰입하고 있는 활동에만 빠지게 된다. 여러

나라를 대상으로 한 교차 문화 연구에서 몰입은 다양한 문화에서 쉽게 찾아볼 수 있다. 예를 들어, 일본의 폭주족은 오토바이를 타고 있을 때 몰입을 경험하며, 암벽 등반가들은 절벽을 오를 때 몰입을 경험한다고 한다.

아이들은 책을 읽으면서 몰입을 경험한다

흥미로운 것은 바로 '독서'가 세상에서 가장 많이 언급되고 있는 몰입 활동이라는 점이다. 이러한 결과는 책을 흥미롭게 읽는 독자들이 한 말과 일치한다. 이탈리아 북부에 사는 어떤 사람은 책을 읽을 때면 "읽는 즉시 책에 몰입하고 평소에 걱정하던 문제가 사라진다."라고 말했다.

넬(Nell)의 연구대상자 중 한 사람은 "독서를 하면 삶의 어려움을 잊어버리게 된다. 하루 중 '잡동사니' 글을 읽고 있는 몇 시간 동안 나는 근심과 불만뿐만 아니라 걱정거리에서 도피할 수 있다."

영국의 작가 서머셋 모옴(Somerset Maugham)도 비슷한 말을 했다. "대화도 시간이 지나면 지루하고, 게임도 지루해진다. 지각 있는 사람의 자원이라고 하는 나 자신의 생각조차 무미건조해진다. 하지만 책을 읽을 때만큼은 마치 아편 중독자처럼 책에 빠져들게 된다."

학생들이 전통적인 언어 수업보다 자율 독서를 더 선호한다는 것을 확인시켜주는 연구가 많이 있다.

베일리(Bailey)는 학교 자율 독서 프로그램에 참여하는 학생들의 학부모 22명에게 자녀들의 반응에 대해 조사했다. "자율 독서 프로그램에 대해 아이들이 불평한 적은 있는가?"라는 질문에 22명 모두 "아니다"라고 응답했다. "프로그램을 실시한 올 한 해 동안 아이들의 읽기에 대한 관심이나 흥미가 높아졌는가 아니면 낮아졌는가?"라는 질문에 21명이 더 높아졌다고 응답했고, 1명은 별 차이가 없다고 응답했다.

그레이(Gray)는 개별적인 읽기 활동을 1년간 마친 아이들 27명을 대상으로 연구조사를 실시했다. 그 결과 "다음 해에 읽기 프로그램을 선택할 수 있다면, 어떤 프로그램을 선택하겠는가?"라는 질문에 27명 전원이 개별적인 읽기를 선택한다고 응답했다.

그리니(Greaney)는 6학년 학생 두 그룹을 비교한 결과 학생들이 전통적인 언어 수업보다 자율 독서를 더 선호한다는 명백한 증거를 찾아내었다. 두 그룹 모두 읽기 수업을 하루에 40분씩 했고 실험집단은 읽기 수준에 알맞은 읽기 자료를 스스로 고르도록 했다. 8개월간의 읽기 프로그램이 끝난 후 실험집단에 속한 학생들은 전통적인 읽기 수업을 한 그룹에 비해 읽기 수업에 대한 흥미가 상당히 높은 것으로 나타났다.

▶ 표 1.4 자율 독서와 전통적인 언어 수업 비교

정도	스스로 골라 읽기	전통적인 수업
매우 흥미롭다	28	8
어느 정도 흥미롭다	9	13
그저 그렇다, 지루하다	3	17

출처: 그리니(1970)

아이비(Ivey)와 브로더스(Broaddus)는 학생들이 가장 즐거워하는 읽기 활동 수업을 하고 있는 23개 학교 6학년 학생 1,765명을 대상으로 설문 조사를 실시하였다. 조사 결과 자율 독서 시간(63%)과 교사가 소리 내어 읽어주는 활동(62%)을 가장 좋아하는 것으로 나타났다(응답 항목을 한 개 이상 선택할 수 있었다).

맥퀄란(McQuillan)은 외국어와 제2 언어를 대학생 수준으로 구사하는 학생들을 대상으로 인기 있는 대중문학 읽기 수업에 대한 반응을 조사하였다. 맥퀄란은 원하는 책을 골라 읽는 것과 교사가 정해주는 책 읽기, 문법 수업을 비교해 보도록 하였다. "원하는 책 읽기, 교사가 정해주는 책 읽기, 문법 수업 중 어떤 수업이 가장 즐거웠느냐?"라는 설문 결과 외국어와 제2 언어를 공부하는 학생들의 응답은 비슷했다. 응답자의 55%(49명)는 인기 있는 대중문학을 지정해주고 읽게 하는 활동이 가장 재미있다고 응답하였고, 29%는 원하는 책 골라 읽기, 16%는 문법 수업이 가장 재미있었다고 응답하였다.

교사가 지정해주는 책을 읽는 활동을 가장 선호한 이유는 지정된 책이 '학생들에게 인기가 있었고 선호도가 높은 책'이었기 때문이라고 맥퀄란은 설명한다. 교사가 정해주는 책은 좋은 읽기 자료일 뿐만 아니라 학생들 입장에서 편리한 점이 있었다. 맥퀄란은 "대중문학 읽기와 문법 공부 중 어떤 활동을 더 선호하는가?"라는 질문에 80%(인원수=39명)가 대중문학 읽기를 더 선호한다고 응답했다. 이 외에도 로드리고(Rodrigo)와 뒤피(Dupuy)는 외국어를 공부하는 학생들이 자율 독서에 대해 매우 긍정적인 반응을 나타냈다고 보고하였다.

잠자리에서 하는 독서의 효과

넬(Nell)은 잠자기 전 침대에서 하는 독서가 왜 즐거운가에 대한 흥미로운 증거를 보여주었다. 책을 즐겨 읽는 사람들에게 자율적으로 책을 선택하여 읽도록 했다. 그리고 심박속도, 근육활동, 피부 전위량과 호흡 속도를 측정하였다. 또한 독서를 할 때, 눈을 감고 휴식을 취할 때, 아무 소리도 들리지 않는 곳에 있을 때, 암산을 할 때, 무언가를 응시할 때 각각 각성 수준을 비교하였다. 그 결과 독서할 때는 눈을 감고 휴식을 취할 때에 비해 각성 수준이 증가했으나, 독서를 끝낸 후에는 각성 수준이 현저하게 감소하였으며, 기준치 이하로 떨어졌음이 밝혀졌다.

달리 말하면, 잠자리에서 하는 독서는 각성된 상태에서 이루어지나, 독서가 끝난 후에는 온전한 휴식으로 이어지게 된다는 것을 말한다. 넬의 연구 결과는 잠자리에서 하는 독서가 왜 인기가 있는지를 보여준다. 그가 인터뷰 한 26명의 독자들 중 13명은 매일 밤 잠자리에서 독서를 즐기며, 11명은 거의 매일 또는 대부분 잠자리 독서를 즐긴다고 응답했다.

로빈슨(Robinson)과 고드비(Godbey)는 1965~1985년에 실행된 조사연구를 검토해 독서의 즐거움을 확인하였다. 1985년 2500명의 성인들을 대상으로 즐거움을 위해 주로 하는 활동이 무엇인지를 물었다. 그 결과 '책이나 잡지를 읽는다'는 항목에는 등급 10중 8.3으로 표시했고, '취미 활동을 한다'는 7.8, 'TV 시청'은 7.8, '대화'는 7.2로 응답했다.

연구 결과를 살펴보면 아동들이 학교에서 하는 독서활동을 매우 즐거워한다는 비공식적인 보고가 가득하다. 존슨(Johnson)은 자신이 가르치는 6학년 학생들이 재미있는 읽기 활동을 함으로써 '학교에서 일어나는 문제가 없어졌고,' 아동들이 자율 독서 시간이 끝나고 나서도 독서시간을 더 요구하는 경우가 있었다고 한다. 페트리(Petre)는 한 공립학교에서 35분간 실시한 '독서 휴식시간'의 효과를 보고하고 있다. "아동들이 독서를 할 때는 교실이 매우 조용해진다. 한 중학교 교장은 독서 환경이 정립된 이후로 학교에서 일어나는 사고의 50% 정도가 감소했다고 말했다."

필그린(Pilgreen)이 근무하는 고등학교에 재학 중인 ESL(제2 언어로서의 영어) 학생들은 조용히 책 읽기(sustained silent reading, SSR)에 대해 굉장히 긍정적이었다. 필그린의 연구에서 56%의 학생들은 한 학기 동안 책 읽기로 진행된 수업이 '매우 즐겁다'라고 응답하였고, 38%의 학생들은 '약간 즐겁다'라고 응답했으며 7%만이 '그저 그렇다'라고 응답했다. 비슷한 사례로 사도스키(Sadowski)가 고등학생들에게 책 읽기 시간을 왜 좋아하게 되었냐고 질문했다. 그 결과 "응답자(48%) 중 58%는 읽기 프로그램이 아주 좋았고 계속하고 싶다고 응답했으며 단지 0.09%만이 프로그램에 대해 부정적인 반응을 보였다."

데이비스(Davis)와 루카스(Lucas)는 1년 동안 자율 독서를 경험한 중학교 2, 3학년 학생들을 대상으로 한 연구에서 다음과 같이 언급하였다. "대부분의 학생들은 자율 독서를 지지했고, 비슷한 수업 과정을 요청했다. 센터의 상담자는 자율 독서 프로그램을 운영하는 50분이 너무 짧다는 항의를 받았으며, 학생들은 센터에서 적어도 매일 한 시간씩 자유롭게 책 읽는 시간을 갖고 싶어했다."

톰프슨(Thompson)은 원하는 책 읽기를 실행하는 대부분의 교사는 "내가 이 수업 방식을 좋아하는 이유는 아이들이 좋아하기 때문이다. 모든 학생을 지도해야 하는 어려움이 해결되었다."라고 평가했다. 어떤 교사는 '어떻게 아이들에게 책 읽기를 그만하라고 하는가?'라는 질문에 '아이들은 쉬는 시간이 끝나고 교실에 들어오자마자 책을 꺼

낸다. 아이들은 철자와 암산 과제가 끝나는 대로 다시 책을 읽기 시작한다.'라고 설명했다.

올리버(Oliver)는 조용히 읽기 시간이 4, 5, 6학년 학생들을 '조용히 시키는 효과'를 가지고 있으며, 이는 개인에게 잠재되어 있는 파괴적인 행위를 막는 데 탁월한 효과가 있다고 말한다. 패럴(Farrell)은 중학교 학생들이 조용히 책 읽기를 하는 동안에 '수업 끝나는 종이 울릴 때 읽고 있던 책을 덮기 싫어하는 모습을 보인 것'에 주목하였다.

여기서 나는 학교에서 하는 자율 독서 활동이 결코 재미있는 활동이 아니었다고 보고한 두 가지 경우를 짚고 넘어가려고 한다. 민톤(Minton)은 고등학교에서 한 학기 이상 실시된 책 읽기 시간이 미치는 영향에 대해 연구했다. 학생들과 교사들 모두 책 읽기 프로그램에 대해 부정적이었으며(학생 중 19%만이 '훌륭한 아이디어'라고 평가했음), 앞으로 책을 읽을 것 같지 않다고 응답했다. 책 읽기 프로그램을 시작하기 전에 책을 읽고 있다고 응답한 학생이 55%인 데 비해 책 읽기 프로그램이 끝난 후에도 책을 계속 읽고 있다고 응답한 사람은 28%였다. 민톤은 책 읽기 프로그램이 실패한 몇 가지 이유에 대해 언급하였는데, 내가 주목한 사실은 책 읽기 프로그램이 매일 같은 시간에 실시됐다는 점이다. 이는 난감하고 파행적인 방법이었다. 책 읽기 프로그램이 실시된 시간은 체육 시간이나 공학 수업 시간이었다.

두 번째 부정적인 결과는 허버트(Herbert)가 보고했다. 중학교 1, 2, 3학년 학생들은 책 읽기 프로그램에 대해 대부분 부정적인 자세를 취했다. 허버트는 설문조사 항목을 제시하면서 책 읽기 프로그램이 어떻게 실행되었는지 세부적으로 밝히지는 않았다. 그러나 그는 대부분의 학생들은 일반적으로 독서에 대해서는 긍정적인 태도를 보였다고 지적했다.

윤(Yoon)이 여러 책 읽기 연구를 살펴본 결과 책 읽기에 참여한 학생들은 설문조사에서 긍정적인 태도를 보였다고 하였다. 이 장에서 나타난 긍정적인 증거와는 달리, 이 연구 결과는 그다지 대단하지 않았으며 3학년 이하 학생들에게만 긍정적으로 나타났다. 윤의 연구는 출판되지 않은 박사 학위 논문을 포함하고 있으며, 형식적인 설문지에 의존했다. 이에 대한 자세한 내용은 책 말미에 있는 Note에서 확인하기 바란다. (참고: 본 스프레켄Von Sprecken과 크라센(2002)에서 태도 설문지 스케일에 대한 타당성과 제한점)[15]

성적이 좋아지는
책 읽기 방법

읽기가 인지 발달에 영향을 미친다는 사실은 의심의 여지가 없지만 직접적인 근거를 찾기는 어렵다. 라비치(Ravitch)와 핀(Finn)은 '17세는 무엇을 아는가?'라는 연구에서, 17세 학생들 가운데 아는 것이 많은 학생일수록 더 많이 읽는다고 밝혔다. 풍부한 읽을거리가 제공되는 환경에서 자란 학생들이 역사와 문학 시험에서 더 높은 점수를 얻었다. 그리고 즐겁게 책을 읽는 양과 문학 성적 사이에 분명한 상관관계가 있음을 보여준다. 스타노비치(Stanovich)와 커닝햄(Cunningham)은 독서량이 많은 대학생들이 라비치와 핀이 적용한 것과 동일한 역사와 문학 시험에서 더 높은 성적을 얻었음을 입증했다. 독서와 성적의 상관관계는 기억력이나 추리력 같은 비언어적 요소가 통제되었을 때도 해당된다.

많이 읽을수록 문화 지식에 대한 여러 시험에서 높은 점수를 받았다. 웨스트(West)와 스타노비치(Stanovich)는 예술가, 연예인, 탐험가, 철학자, 과학자 30명의 이름을 체크해야 하는 문화 시험지를 만들었다. SAT 성적, 나이, 교육 정도, TV 보는 시간, 비언어적 능력 같은 다른 요인이 통제되었을 때 문자에 더욱 많이 노출된 사람이 이 시험에서 더 높은 점수를 얻었다. 스타노비치와 커닝햄의 연구에서 실용 지식, 과학, 사회 영역 시험에서도 비슷한 결과가 나타났다. 필백(Filback)과 크라센은 기독교를 믿는 성인을 대상으로 한 연구에서 자율적으로 성경을 읽은 시간은 성경 지식에 영향을 미치지만 형식적으로 성경 공부를 한 양은 지식과 별 관계가 없다는 것을 발견하였다.

창의적인 사람들의 공통점

'훌륭한 사색가'와 관련된 연구 역시 '읽기가 사람을 더욱 똑똑하게 만들어준다'는 몇 가지 근거를 제시한다. 여기서 '훌륭한 사색가(good thinker)'란 오랜 시간 책을 많이 읽은 사람으로 정의 내린다. 사이먼톤(Simonton)은 유년기와 청소년기에 다양한 분야에 흥미를 가지고 책을 읽는 것은 미래의 성공과 긍정적인 관련이 있다고 결론지었다. 섀퍼(Schafer)와 아나스타시(Anastasi)는 고등학생을 대상으로 한 연구에서 창의성이 뛰어나다고 여겨지는 학생들은 평범한 학생들보다 책을 더 많이 읽는다는 것과, 매우 창의적이라고 생각되는 학생들은 연간 50권 이상의 책을 읽는다고 보고하였다. 에머리(Emery)와 칙센트미하이는 육체노동자 가정에서 자라 대학교수가 된 15명과 비슷한 환경에서 자라 육체노동자가 된 15명을 비교하였다. 전자의 경우 어릴 때 매우 많은 문자에 노출되는 환경에서 자랐고 더 많은 책을 읽었다는 사실

을 알 수 있었다.[16]

쓰기에 대한 불안감을 줄이려면

자율 독서는 또 다른 이점이 있다. 리(Lee)와 크라센은 많이 읽는 사람일수록 쓰기를 자유자재로 할 수 있기 때문에 '쓰기에 대한 불안감'이 적다고 말한다. 타이완 고등학생들을 대상으로 한 연구에서 독서양과 쓰기 불안감에 대한 설문을 조사한 결과 어느 정도 상관관계가 있는 것이 드러났다. 여기서 상관관계(r=-2.1)가 그리 높지 않은 이유는 쓰기 숙련과 같은 다른 요인이 쓰기 불안감에 영향을 주었기 때문이다. 달리(Daly)와 윌슨(Wilson)의 연구에서도 쓰기 불안감이 적을수록 독서를 더욱 즐긴다는 일관된 연구 결과가 나왔다.

연구 결과들을 각각 대조해서 비교하여 본 결과, 읽기가 직접 교수보다 더욱 효과적이라는 것을 일관성 있게 보여주고 있다. 다른 연구에서도 직접 교수는 효과가 적거나 거의 없음을 확인하였다. 연구 결과를 바탕으로 한 결론은 다음과 같이 쉽게 정리할 수 있다.

읽기는 독해력, 문체, 어휘, 문법, 철자법을 발달시킬 수 있는 확실한 방법이라는 점이다. 또한 읽기는 즐거운 것이며, 인지 발달을 촉진하고 쓰기 불안감을 낮추어준다.

반복 훈련과 연습으로는
언어를 배우기 힘들다

　읽기가 읽고 쓰는 능력인 리터러시를 발달시킬 수 있다는 많은 연구를 통해 한 가지 분명한 결론을 내릴 수 있다. 읽기는 우리에게 유익한 것이다. 많은 연구 결과 더욱 강력한 결론을 내릴 수 있다. 읽기가 유일한 방법이다. 읽기는 좋은 독자, 훌륭한 문장력, 풍부한 어휘력, 고급 문법 능력, 철자를 정확하게 쓰는 능력을 갖출 수 있도록 해주는 유일한 방법이다.

　이러한 결론이 옳다는 것을 뒷받침해주는 두 가지 이유가 있다. 첫째, 읽기의 주요 대안인 직접 교수가 큰 도움이 되지 않는다는 것이다. 둘째, 다른 분야의 연구 및 이론에서도 같은 결론이 나왔다는 것이다. 초보 읽기 발달을 살펴보는 연구에서는, 책을 읽는 동안 책의 내용을 이해하려고 시도하면서 읽기를 배우게 된다는 의미로 '읽기를 통해 읽기를 배운다'라고 결론 내렸다. 언어 습득에 관한 연구에서 나는 언어 습득은 오직 한 가지 방법으로 가능하다는 결론을 내렸다. 즉 불안감이 적은 상황에서 내용(messages)을 이해할 때 또는 이해하면서 받아들일 때만 언어를 습득할 수 있다. 여기서 불안감이 적은 환경에서 책 속에 들어 있는 내용을 이해한다는 것은 자율 독서의 개념과 정확하게 일치한다.

만약 이 결론이 옳다면, 만약 읽기가 유일한 방법이라면, 언어 발달과 리터러시 발달을 위해서 우리가 하고 있는 반복 훈련과 연습을 통한 직접 교수 방법은 재검토되어야 할 것이다. 직접 교수로 언어를 가르칠 때 우리가 주로 사용하는 방법은 시험이다. 전통적인 언어 교수는 단지 시험으로 표현된다. 책과 함께 자란 아이는 시험에 통과하고 그렇지 못한 불운한 아이들은 낙제하고 마는 시험인 것이다.

이것을 더 구체적으로 설명해 보자. 매주 월요일 언어 수업 시간에 아이들은 20개의 어휘 목록을 받는다. 주중에는 그 어휘와 관련된 연습을 하고(단어의 뜻을 올바르게 설명한 것을 선으로 연결하기, 빈칸 채우기, 주어진 단어로 문장 세 개 만들기 등), 금요일에는 단어 시험을 본다.

책과 함께 자라고 책 속에서 평소 어휘를 접하는 아이들은 제시된 20개 어휘 중 15~16개는 이미 알고 있을지도 모른다. 그 아이들은 《해리 포터》,《배트맨 2》같은 책에서 그 단어를 보았을지도 모르기 때문이다. 이런 아이들이라면 조금만 공부를 하면 A를, 공부를 굳이 하지 않더라도 B는 받게 된다.

반면에 책을 평소 접하지 않는 환경에서 자란 아이들에게 20개의 어휘 목록을 제시하면 상황이 달라진다. 이 아이들은 어휘 목록 중 5~6개 정도만 알 것이다. 아무리 열심히 공부해도 D+ 정도의 성적밖에 얻을 수 없을지도 모른다. 이 아이들에게 직접 교수란 낙제할 수밖에 없는 시험에 불과하다. 이 아이들은 아동 학대의 희생자처럼 자기 자신을 탓하게 된다.[17]

책을 평소 접하지 않는 환경에서 자란 아이들을 위해 우리가 하고 있는 일이 도대체 무엇이란 말인가? 효과도 없는 반복 훈련과 연습을 하라고 부추기고 있는 것이다.

리차드 앨링턴(Richard Allington)은 자신의 연구 결과를 다음과 같이 요약한다. "읽기 실력이 떨어지는 아이들이 독서 그룹에 참가해 책을 읽을 기회는 많지 않다." 반면 읽기 실력이 뛰어난 아동들은 자율 독서를 할 기회가 더 많다. 읽기 실력이 떨어지는 아이들은 더 많은 학습지, 워크북, 연습문제를 풀어야 하는데, 이는 결국 두 그룹 사이의 격차만 커지게 할 뿐이다.

이탈리아 바비아나(Barbiana)의 남학생 8명은 '학교는 곧 시험'이라고 주장했다(바비아나 학생 8명이 쓴 책《Letters to Teacher》에서 인용한 내용. 소외계층인 가난한 학생들이 집필한 책으로 불공평한 교육 시스템을 비판하고 있다. 여러 나라 언어로 번역되어 세계적인 베스트셀러가 되었다). 이탈리아 교육 제도에 적응하지 못한 아이들이 학교 시스템에 적응하지 못하고 실패한 이유는 계급의 불평등 때문이라는 것이 밝혀졌다. 가난한 가정환경의 아이들이 부유한 가정환경의 아이들에 비해 낙제률이 높은 것이 사실이다. 낙제한 아동의 부모는 공부를 열심히 하지 않은 자기 아이를 탓한다.

가정환경이 어려운 가정의 부모들은 …… 무슨 일이 일어나고 있는지 의심하지 않는다. 아이들의 성적이 좋지 않은 이유가 자녀들이 본래 공부와 맞지 않기 때문이라고 생각한다. "선생님도 그렇게 말쏨하셨어요. 선생님은 저에게 앉으라고 말씀하시더니 제 아이의 성적표를 보여주셨지요. 시험지에 빨간색이 무수히 표시되어 있었어요. 아마 우리는 똑똑한 아이를 가질 은총을 받지 못했나 봐요. 제 아이도 저처럼 농사꾼으로 살아가겠지요."

그러나 문제를 제기한 바비아나의 남학생 8명은 가난한 아이들의 실패 원인을 다른 곳에서 찾고 있다. 학교에서 공부를 잘하는 아이들은 이미 읽고 쓸 줄 아는 아이들이라는 사실이다.

중학교 교사들은 학생들의 향상 정도가 눈에 보이니 자신이 학생들에게 읽고 쓰기를 가르치고 있다고 인식한다. "학생들이 중학교에 올라왔을 때만 해도 읽고 쓰는 능력이 형편없었지요. 하지만 지금은 모두 답안을 정확하게 쓴답니다."

그러나 드러나지 않은 사실이 있다. 읽고 쓰는 능력이 현저히 떨어지는 아이들은 낙제를 했고, 결국 학교를 떠났다는 사실이다.

그 교사는 누구에 대하여 이야기하고 있는가? 1학년 때 그 학생들은 어디로 갔는가? 남아 있는 학생들은 처음부터 잘했으며 초등학교 3학년 때도 잘했을 것이다. 이미 가정에서 쓰는 법을 배워 온 아이들이다.

1학년 때 읽고 쓰는 능력이 떨어진 학생들의 실력은 지금도 제자리걸음이다. 교사는 그 아이들을 자신의 시야에서 지워버린 것이다.

이 문제에 대해 바비아나의 남학생 8명은 학교에서 이 문제를 해결해야 한다고 결론지었다.

교사들은 가난한 가정환경에서 자라는 공부 못하는 학생들을 가르치기 싫을 것이다. 그러나 그 아이들을 외면한다면 학교는 더 이상 학교가 아니다. 병원에서 건강한 사람만 받으려고 하고 아픈 사람은 외면하는 셈이다. 학교라는 곳이 학생들의 실력 차이를 좁히지는 못하고 오히려 돌이킬 수 없도록 벌어지게 만들고 있다.

2장
책 읽는 아이로 키우는 특별한 방법

책이 **가까이에**
있어야 한다

　자발적 독서가 독해력, 쓰기, 어휘, 문법 실력을 향상시키고 철자를 습득하는 유일한 방법이라고 한다면, 이것이 시사하는 점은 분명해진다. 언어 교육의 주요 목표 중 하나는 자발적 읽기를 권장하는 것이어야 하고 자발적 읽기가 실제로 행해질 수 있도록 해야 한다는 것이다. 지금까지 우리는 읽기의 가치에 대해 말로만 언급했을 뿐, 읽기의 가치를 살리는 데는 제대로 노력을 기울이지 않았다.

　언어 교육을 위해서 해야 할 첫 번째 단계는 책을 가까이할 수 있는 방안을 마련하는 것이다. '말을 물가로 끌고 갈 수는 있지만 물을 마시게 할 수는 없다.'라는 말은 분명한 사실이다. 그러나 먼저 우리가 확실히 해야 할 일은 그곳에 물이 있어야 한다는 것이다. 그곳에 물이 있을 때 결국 말은 그곳에 가서 물을 마실 수 있다.

집에 책이 많으면 독서를 더 많이 한다

책을 언제든지 볼 수 있고 읽을거리가 풍부하다면 더 많이 읽게 된다는 일반적인 견해를 지지하는 연구가 많이 있다. 가정의 독서 환경은 아이들이 얼마나 책을 읽을 수 있는가와 관련이 있다. 책을 더 많이 읽는 아이들은 분명 집에 책이 더 많다.

라오(Lao)는 예비교사들에게 자신의 유년기와 청소년기의 독서 습관을 회상해보도록 하였다. 어릴 때 자신을 '마지못해 읽는 독자'였다고 기술한 12명은 모두 읽을거리가 부족한 환경에서 자라났다. 반면 읽을거리가 풍부한 환경에서 자란 10명은 자신을 '일찍부터 읽기에 열성적인 독자'라고 말했다.

학급문고가 충실하면 독서를 더 많이 한다

교실에 읽을거리가 풍부하면 아이들이 독서를 더 많이 한다. 모로우(Morrow)와 웨인스턴(Weinstein)의 연구에 의하면 유치원 교실에 잘 설계된 도서실 코너를 설치하자 아이들이 책을 더 많이 이용하고, 자유놀이시간에 '문학 활동'을 하게 되었다고 한다. 또한 도서관 귀퉁이에 있는 책에 더 쉽게 접근할 수 있을 때, 아이들의 손이 닿을 수 있는 곳에 책이 있을 때, 교사가 집으로 책을 가져갈 수 있도록 허락할 때 자발적으로 더 많이 읽는다고 한다.

학교도서관이 괜찮으면 독서를 더 많이 한다

학교도서관의 풍부한 읽기 환경은 더 많은 독서를 하게 만든다. 클리어리(Cleary)는 도서관이 없는 학교에 다니는 아이들이 4주 동안 평균 3.8권을 읽은 데 반해, 도서관이 있는 학교에 다니는 아이들은 정확하게 그 두 배인 7.6권을 읽었다고 보고한다. 게다가 도서관이 있는 학교의 아이들은 양질의 책을 읽었다. 그 아이들이 선택한 책의 84%는 권장도서 목록에 있는 책이었다. 반면 도서관이 없는 학교에 다니는 아이들의 경우는 63%에 불과했다.

게이버(Gaver)는 도서관이 있는 학교에 다니는 아이들이, 사서 없이 책만 소장하고 있는 학교나 학급문고만 활용할 수 있는 학교에 다니는 아이들보다 독서를 더 많이 한다고 보고하였다. 게이버의 자료를 재분석해보면 아이들이 이용 가능한 책의 양과 독서량 사이에는 높은 상관관계(r=.72)가 있음을 알 수 있다. 맥퀼란 역시 학교도서관이 좋으면 좋을수록(다량의 도서) 독서를 더 많이 한다는 사실을 발견하였다.

학생들은 더 많은 책을 보유하고 있고 더 오래 개방하는 학교도서관에서 더 많은 책을 대출한다. 홀(Hole)과 몬트마르케트(Montmarquette)에 의하면, 이러한 요소(책 보유량과 도서실 개방 시간)는 도서 대출에 각각 영향을 미친다. 책 공급이 20% 증가하자 대출되는 책은 10% 증가하였고, 도서관 운영 시간이 20% 늘어나자 책 대출 양이 17%(고등학교)와 3.5%(초등학교)씩 증가하였다고 한다.

또한 계획적으로 도서관을 방문하는 것도 영향을 준다. 맥퀼란과 아우(Au)의 보고에 의하면, 고등학교 학생들의 경우 교사가 더 자주 학생들을 도서관으로 데리고 가자 학생들이 독서를 더 많이 한 것으로 보고하였다.

앞에서 본 라오의 연구에서 '열정적인 독자'인 린다는 자신의 부모님이 독서광이었으며 자신에게 책을 읽어주었다고 말한다. 그러나 집에 책이 많지 않아서 린다 어머니는 공공도서관 등지에서 책을 대출했고, 린다에게 있어서 학교도서관은 삶에서 특별히 중요한 곳이었다고 말한다. "학교도서관은 내게 제2의 집과 같았습니다. 나는 항상 그곳에 있었고 그곳에서 책 읽는 것을 매우 좋아했습니다."

공공도서관을 이용하기 쉬우면 더 많이 읽는다

공공도서관에 대한 접근성 또한 아이들이 얼마나 많은 독서를 하는가에 영향을 준다. 에인스(Heyns)는 공공도서관에 가까이 살고 있는 아이들이 더 많은 책을 읽는다고 보고했다. 김(Kim)은 5학년 학생들이 여름방학 동안 읽은 독서량과 도서관 접근성 간에 높은 상관관계가 있음을 보고하였다.

라오의 연구에서, 책이 거의 없는 가정에서 자랐고 읽기를 싫어하는 독자라고 자신을 표현한 에이린(Eileen)은 공공도서관 덕분에 책을 읽게 되었다고 한다. 4학년이었을 때 주디 블룸(Judy Blume)의 책을 발견하게 되었는데, 이 책은 에이린이 지속적으로 책을 읽게 된 계기가 되었다.

라모스(Ramos)는 공공도서관을 단 한 번 방문하고 나서 독서량이 급격히 증가한 경우가 있다고 보고했다.

이 연구에서는 집에 책이 거의 없고 도서관이 열악한 학교에 다니고 있는 2~3학년 학생들을 한 달에 한 번씩 학교 일과 중에 공공도서관으로 데리고 갔다. 학생들이 방문한 시간대는 아직 도서관 문을 열지 않은 시간이었다. 따라서 아이들은 도서관을 자유롭게 탐색하고 책을 공유할 수 있었으며, 조용히 하라는 통제를 받지 않았다.

아이들에게 저마다 책 10권을 대출해 주었다. 그 결과 학급문고가 마련되어 수업시간과 가정에서 아이들이 책을 읽기 시작했다. 첫 도서관 방문 이후 3주가 흐른 뒤, 아이들과 학부모를 대상으로 설문조사를 실시하였다. 아이들은 도서관 방문을 즐긴 것으로 나타났고 대부분 책을 더 많이 읽는다고 응답하였다. 아이들은 "책 읽기가 쉬워졌다.", "다시 도서관에 가고 싶다."라는 반응을 보였다.

학부모의 반응은 아동의 반응과 일치하였다. 오히려 학생보다 더 열정적인 모습을 보여주기도 했다. 표 2.1은 세부적인 내용을 알려준다.

▶ 표 2.1 도서관 방문에 대한 반응

학생용 설문 결과 (n=93)	
- 공공도서관에 처음 방문함	52%
- 첫 방문 후 도서관에 다시 갔음	62%
- 도서관 방문 이후 책을 더 많이 읽음	75%
- 지금은 책 읽기가 더 쉽게 느껴짐	82%
학부모용 설문 결과 (n=75)	
- 자녀가 도서관을 방문한 이래로 책 읽기에 더 많은 흥미를 가짐	96%
- 자녀의 읽기 능력이 향상되었음을 느낌	94%
- 자녀의 독서 시간이 늘어남	94%
- 도서관 방문 프로그램이 계속 운영되기를 희망함	100%
- 자녀가 도서관을 방문한 이후 부모에게 도서관에 데려다 달라고 함	67%

출처: 라모스, 크라센(1998)

이 연구에서 시사하는 점은 단순히 공공도서관을 이용하는 것으로 해결되지 않는다는 것이다. 해결 방안은 반드시 학교에서 나와야 된다. 이 연구에 참여한 학교는 다행히도 책 읽기에 매우 협조적이고 학교 가까이에 좋은 공공도서관을 가지고 있었다. 하지만 그렇지 못한 학교들도 있다.

가정, 학교, 공공도서관 등 어느 곳에서든지 책을 가까이할 수 있다면 매우 도움이 될 것이고, 책 읽기 습관도 형성될 수 있다. 그런데 안타깝게도 어디서도 책을 가까이하지 못하는 아이들이 많다. 워시(Worthy)와 맥쿨(McKool)은 읽기를 매우 싫어하는 6학년 학생 11명을 대상으로 연구하였다. 11명 중 9명이 집에서나 학교도서관, 학급문고에서 흥미로운 책을 거의 접해본 적이 없었고 인터뷰를 갖기 전 1년 동안 공공도서관에 가본 적이 한 번도 없었다.

흥미로운 책을 접한 두 학생은 어느 정도 규칙적으로 책을 읽는 유일한 학생이었다. 아이러니하게도 모든 학생이 자신을 '마지못해 읽는 독자'라고 묘사했음에도 불구하고 특정한 책 종류에 관해서는 상당히 열정을 보였다. 특히 가볍게 재미로 읽을 수 있는 '가벼운 읽기(light reading)'에 열정적인 반응을 보였다.

그림 2.1은 읽기 환경과 자율 독서, 리터러시 발달 간의 관계를 요약한 것이다. 그림 2.1에서 점선으로 표시된 부분과 같이 리터러시 발달에 읽기 환경이 미치는 영향을 연구한 결과를 통해 그림 2.1이 옳다는 것을 확인할 수 있다. 이 연구에서는 일정한 결과를 보여주고 있는데, 읽을거리가 많으면 많을수록 리터러시는 더욱 더 발달한다는 것이다.

▶ 그림 2.1 리터러시 발달에 관한 읽기 환경과 자율 독서 간의 관계

책이 많다고 모든 것이 해결되지는 않는다

비록 풍부한 읽기 환경과 리터러시 발달 사이에 긍정적인 상관관계가 있다 하더라도 연구자들은 관련성의 강도를 중간 수준 즈음으로 받아들인다. 그렇게 보는 이유는 포함되지 않은 요소가 있거나 고려해봄직한 매개 변인, 즉 그림 2.1과 같이 자발적 읽기 등과 같은 다른 변인이 있을 수 있기 때문이다. 다만 독서를 더 많이 한다면 풍부한 읽기 환경이 리터러시 발달에 영향을 줄 수 있다.

팩(Pack)은 단순히 책을 접할 수 있는 환경을 제공하는 것만으로는 충분하지 않다는 사실을 보여준다. 방과 후 활동에 관한 연구에서 팩이 '도서관 열쇠를 갖고 있는 아이(library latch-key kids)'라고 명명한 아이들이 있었다. 이 아이들의 부모들은 도서관을 '무료 방과 후 교실'로 생각하고 아이들을 하루 1시간에서 6시간까지 도서관에 있도록 하였다. 팩의 보고에 의하면 이 아이들은 '시간 보내기' 그 이상의 활동을 하지 않았다고 한다. 독서는 하지 않았으며 다른 아이들과 놀거나 컴퓨터 게임을 하면서 시간을 보냈다고 보고한다.

책을 접할 수 있는 환경을 제공하는 것은 필요하다. 그러나 책이 있는 환경을 마련해준다고 해서 모든 것이 해결되지는 않는다. 아이들이 자발적으로 책을 읽도록 유도하려면 다른 요소가 필요하다.

책을 **읽게 만드는**
환경은 따로 있다

 책을 읽게 하려면 주변 환경이 중요하다. 모로우는 베개, 편안한 의자, 카펫이 있을 때 유아들이 도서 코너를 더 많이 이용하였고, 도서 코너를 칸막이로 나누어 조용한 분위기를 조성할 때 더 많이 이용한다고 보고하였다.

 그리니(Greaney)와 헤가티(Hegarty)는 눈여겨볼 만한 결과를 보고하였다. 책을 매우 많이 읽는 5학년 학생의 부모들은 책을 읽지 않는 아이의 부모들에 비해 잠자리에서 책을 읽도록 더 많이 허락했다는 사실을 발견한 것이다. 책을 많이 읽는 아이들의 부모 중 72.2%가 잠자리에서도 책을 읽도록 허락한 데 반해 책을 읽지 않는 아이들의 부모는 단지 44.4%만이 허락하였다.

 앞에서 우리는 독서 분위기를 조성하기 위해 두 가지 요소가 필요하다는 것을 살펴보았다. 아이들이 책을 쉽게 접할 수 있어야 하고 책을 읽기에 적합한 아늑하고 편안한 장소가 있어야 한다. 그러나 현실적으로 이러한 환경을 갖추지 못하고 있는 학생들이 많다.

이러한 요건을 갖춘 장소로 도서관이 있다. 책을 쉽게 접하기 어려운 학생들이 많은 현실에서, 리터러시 발달에 읽기가 매우 중요하다는 논의가 옳다면 도서관은 결정적인 역할을 한다.

도서관은 왜 중요한가

아이들은 도서관에서 책을 많이 접한다. 표 2.2는 11세 초등학교 아이들에게 읽고 싶은 책을 어디서 구하는지 알아본 여러 연구 결과를 합친 것이다. 연구 결과는 다양하다. 어떤 연구에서는 학교도서관이 가장 널리 이용되었고, 또 다른 연구에서는 학급문고 혹은 공공도서관이 가장 널리 이용되기도 했다. 그러나 모든 연구에서 일치하는 사항이 있는데, 어떤 도서관이든 도서관을 이용하여 많은 읽을거리를 확보한다는 것이었다.

▶ 표 2.2 11세 아이들의 도서 출처

연구	도서관 책 대출 비율
Gaver 1963	30–63
Lamme 1976	81
Ingham 1981	72–99
Swanton 1984	70
Doig and Blaskmore 1995	학교도서관=63, 학급문고=25, 공공도서관=57
worthy, Moorman, and Turner 1999 고소득층	학교도서관=19, 학급문고=3, 공공도서관=14
worthy, Moorman, and Turner 1999 저소득층	학교도서관=34, 학급문고=6, 공공도서관=14
Ivey and Broaddhus 2001	학교도서관=55, 학급문고=28, 공공도서관=61

한 연구에 따르면 아이들이 나이 들어감에 따라 공공도서관 이용률

은 감소되는 반면 도서관 이용률 자체는 여전히 높았다고 한다(6~7세의 86%가 도서관 이용, 16~18세에 44%까지 감소). 또 다른 연구에 의하면 십대들 또한 도서관에서 많은 책을 구하는 것으로 나타났다(표 2.3).

▶ 표 2.3 십대들의 도서 출처

연구	나이	도서관 책을 읽은 비율
Mellon 1987	중 3	학교도서관 – 약 90% 공공도서관 – 여학생 66%, 남학생 41%
Smart Gril Poll 1999	11–18세	학교도서관 – 66% 공공도서관 – 58%
Fairbank et al. 1999	10–17세	도서관 – 66% 학교 – 25%

학교도서관의 질과 읽기 점수

만약 도서관이 책을 구할 수 있는 주된 장소이고, 많이 읽는 것이 읽기를 더 잘하는 것을 의미한다면, 더 좋은 도서관은 읽기 향상과 확실히 관련이 있다. 이러한 사실이 실례로 밝혀진 바 있다.

게이버(Gaver)는 도서관 규모가 작은 학교에 다니는 아이들보다 큰 도서관이 있는 학교에 다니는 아이들이 읽기에 더 나은 성취도를 보인다고 보고했다. 마찬가지로 도서관 규모가 작은 학교에 다니는 아이들은 학급문고만 있는 학교에 다니는 아이들보다 읽기 성취도가 더 높다고 보고하였다.

엘리(Elley)와 만구하이(Mangubhai)는 피지섬 아이들의 영어 읽기 점수를 예측할 수 있는 가장 중요한 요인이 학교도서관의 규모라는 것을 찾아내었다.

"400권 이상을 보유한 도서관이 있는 학교의 학생들은 그보다 적거나 아예 도서관이 없는 학교에 다니는 아이들보다 더 높은 점수를 받았다. 도서관 규모가 크지 않은 학교 중에 높은 점수를 받은 학교는 없다."

도서관의 긍정적인 효과를 확실하게 확인할 수 있는 놀라운 연구가 있다. 랜스(Lance), 웰본(Welborn), 해밀턴 패널(Hamilton-Pennel)은 학교도서관에 투자된 돈이 읽기 점수와 관련이 있다는 것을 밝혀냈다. 심지어 빈곤, 컴퓨터 사용 가능성과 같은 요인이 통제되었을 때도 같은 결과가 나왔다. 랜스와 그의 동료들은 콜로라도를 비롯해 여러 주에서 같은 연구를 실시하였다. 도서관의 질은 도서관이 보유하고 있는 책의 권수와 전문 사서가 있는지 여부, 사서의 자격에 의해 결정되는데, 도서관의 질과 읽기 성취도는 상관관계가 있음을 밝혀냈다.[1]

도서관의 중요성은 크라센의 연구에서 다시 확인할 수 있었다. 크라센은 41개 주에서 실시된 4학년 학생의 읽기 테스트(NAEP) 점수의 예측 요인을 분석했다. 이 분석 결과는 캘리포니아 주민이 특히 주목해야 할 내용이다. 왜냐하면 캘리포니아 주는 다른 주와 비교해 상대적으로 읽기 성취도가 낮았고, 캘리포니아에서 읽기를 가르치는 방식에 문제가 있는 것으로 알려져 있기 때문이다. 이를 계기로 독서 증진을 위한 특별 부서를 구성해야 하지 않는가 하는 의견도 나오고 있다.

NAEP 점수 결과에 대한 가장 확실한 예측 요인은 학생 1인당 학교 도서관 책의 권수였다. 랜스와 그의 동료들이 연구한 사례와 마찬가지로 컴퓨터와 학교에 투입된 예산 총액 등의 요인을 통제하여 분석하였다. 그 결과 캘리포니아 주의 실제 문제는 책에 대한 접근성이라는 것이 분명히 드러났다. 즉, 캘리포니아 주의 학교도서관은 장서 면에서나 도서관 직원 측면에서나 미국 내에서 최악이었다. 이것은 맥퀼란의 연구에서도 다시 확인할 수 있었다.

맥퀼란은 41개 주와 콜롬비아 특별 자치구에 사는 4학년 학생의 읽기 점수와 관련된 다양한 요인을 살펴보았다. 맥퀼란은 또한 학교도서관이 읽기 점수를 예측하는 좋은 변수가 된다는 것을 발견하였다. 가장 인상적인 내용은 전체적인 읽기 환경(학교도서관, 공공도서관, 가정에서 읽을 수 있는 책)과 읽기 성취도 사이에 매우 높은 상관관계가 있다는 것이다. 빈곤이라는 요인을 고려했을 때도 여전히 이러한 상관관계는 존재하였다. 또한 맥퀼란은 캘리포니아 주가 학교도서관 뿐만 아니라 각 가정이나 공공도서관의 장서 보유 측면에서도 낮은 순위였다는 점을 기록하고 있다.

엘리는 32개 국가에서 읽기 성취도를 조사하여 그 나라의 학교도서관 질이 읽기 순위를 예상할 수 있는 중요한 예측 요인이라는 것을 발견하였다. 엘리는 경제적으로 더 발달한 나라의 아이들이 경제적으로 덜 발달한 나라의 아이들에 비해 더 잘 읽는다고 보고하였다. 이것은 경제적으로 더 풍요로운 나라의 아이들이 책에 접근하기가 더 좋다는 것을 의미할 수 있다. 여기서 특별히 우리의 관심을 끄는 것은, 가난한 나라의 아이들 중 훌륭한 도서관이 있는 학교에 다니는 아이들이 읽기 점수에서 매우 큰 차이를 보인다는 것이다(표 2.4의 최상분위 참조). 학교도서관이 읽기 점수에 상당히 큰 영향을 미치는 것이다.

▶ 표 2.4 학교도서관의 규모에 따른 성취 평균: 14세 학생 대상

	최하분위	2분위	3분위	최상분위
부자 나라	521	525	536	535
가난한 나라	445	452	454	474

평균 점수 = 500
출처: 엘리(1998)

가난한 가정의 아이들이 중산층 가정의 아이들에 비해 책을 접할 기회가 매우 적다는 확실한 증거가 있다. 가난한 아이들에게 학교도서관은 책에 접근할 수 있는 유일한 곳이다. 안타깝게도 지금까지는 학교도서관이 이러한 아이들을 돕는 데 별로 도움이 못 되고 있었다.

가난한 아이들의 교육에 가장 중요한 것

스미스(Smith), 콘스탄티노(Constantino), 크라센은 빈부 격차가 매우 큰 비버리힐즈와 와츠 지역을 포함해 LA 지역 아이들이 책을 얼마나 접할 수 있는지를 조사하였다. 읽기 환경의 차이는 너무나 충격적이었다. 부유한 비버리힐즈에서 인터뷰한 아이들은 집에 책이 평균 200여 권(본인 혹은 형제들 것까지)이 있다고 말했다. 그러나 가계 소득이 적은 와츠 지역의 아이들은 평균 한 권도 안 되는 책을 가지고 있었다. 정확히 0.4권을 가지고 있었다. 게다가 비버리힐즈에 있는 공공도서관은 두 배로 많은 책을 보유하고 있었고, 비버리힐즈의 아이들은 서점도 훨씬 더 많이 접할 수 있었다.

뉴먼(Neuman)과 첼라노(Celano)는 부자들이 사는 지역 2곳과 가난한 사람들이 사는 지역 2곳을 비교 분석했다. 그 결과 고소득층의 읽기 환경과 저소득층의 읽기 환경 사이에 놀라운 차이점을 발견하였다. 그들이 발견한 사실은 다음과 같다.

- 고소득층 거주 지역에는 책을 살 수 있는 곳이 많았다. 뉴먼과 첼라노는 서점, 약국, 식료품점, 할인 매장 등 여러 가게를 살펴보았다. 저소득층 지역에는 4개 가게에서 아동용 책을 살 수 있었다. 부유층이 사는 한 지역에는 가게가 13개 있었고 다른 지역에서

는 책을 살 수 있는 가게가 11곳이 있었다. 저소득층 지역에서는 청소년들을 위한 책을 살 수 있는 곳이 한 군데도 없었다. 반면에 고소득층 지역에는 각각 3개, 1개가 있었다.

- 고소득층 지역의 아이들은 훨씬 다양한 종류의 책을 서점에서 접할 수 있었다. 저소득층 지역 두 곳에서 확보할 수 있는 아동용 책을 보면, 한 지역은 358종(20명당 1권)이고 다른 지역에서는 55권(300명당 1권)이었다. 고소득층 지역을 살펴보면 한 지역은 1,597개 출판물을 구할 수 있었고(아동 한 명당 0.3), 다른 한 지역에서는 1만 6,455(아동 한 명당 13권)개를 구할 수 있었다. 풍부한 읽기 환경과 열악한 읽기 환경에 놓인 아이들을 비교해보면, 고소득층 지역의 아이들은 빈곤층 지역 아이들에 비해 4,000배나 더 많은 책을 확보할 수 있었다. 저소득층 지역의 아이들은 "슈퍼에서 책을 가장 쉽게 구할 수 있었다." 저소득층 지역에서 청소년을 위한 책을 찾기는 매우 힘든 일이었다.

- 고소득층 지역의 공공도서관은 청소년용 도서를 훨씬 많이 보유하고 있었다. 고소득층 지역에 있는 도서관은 두 지역 모두 일주일에 이틀 동안은 저녁 8시까지 개방하는데 반해, 저소득층 지역의 도서관은 오후 6시 이후에 문을 여는 경우가 없었다.

- 고소득층 지역에서는 환경 면에서도 읽을 수 있는 것들이 훨씬 더 많았다. 거의 대부분의 간판이 읽을 수 있는 상태였다(96 또는 98%). 저소득층 지역에서는 간판이 대체로 낙서로 뒤덮여 있어 읽

기가 어려웠다. 단지 66% 또는 26% 정도만 읽을 수 있는 상태였다.

- 고소득층 지역에는 읽기 활동에 적합한 공공장소가 훨씬 더 많이 있었다(예를 들자면 좋은 조명, 좌석, 그리고 친절한 직원이 있는 커피숍 등). 따라서 고소득층 지역의 아동들은 사람들이 책을 읽고 있는 모습을 훨씬 많이 볼 수 있었다.

뉴먼과 첼라노는 "중산층 가정의 아이들은 대체로 광범위한 읽기 환경에 노출되지만 가난한 지역의 아이들은 적절한 읽기 환경을 적극적으로 꾸준히 찾아내야만 한다."라고 결론을 내렸다.

이와 같은 엄청난 차이를 볼 때, 빈곤 가정 아이들에게 음소 인식 및 음철법을 가르쳐야 한다고 주장하기에는 무리가 있다. 무엇보다 우선순위에 두어야 할 것은 아이들에게 읽을 수 있는 책을 쥐어주는 일이다.

디 로레토(Di Loreto)와 쩨(Tse)는 부자 동네인 비버리힐즈와 노동자 계층이 주로 사는 지역인 산타페 스프링즈에 있는 공립도서관 아동 코너에서 상당한 차이점을 발견하였다. 비버리힐즈에 있는 도서관은 훨씬 많은 아동용 책과 잡지를 보유하고 있으며, 아동문학에 조예가 깊은 인상적인 사서도 있는 반면에, 산타페 스프링즈의 도서관에서는 아동 코너에 특별히 배치된 사서가 없었다.

가난은 아이의 교육에 매우 파괴적이다. 그렇지만 학교는 최소한 책에 대한 접근성을 높여 가난이 미치는 영향에 대응할 수 있다.

분명 가난한 학생들은 책에 접근할 수 있는 기회가 적다. 가난한 학생들을 두 그룹으로 나누었을 때, 두 그룹 중 책을 접할 수 있는 기회가 좀 더 많은 아이들이 언어 능력이 더 발달된다는 사실을 알 수 있다.

▶ 표 2.5 2개 지역 공공도서관의 아동 코너 비교

	인구	책	아동용 잡지	아동 코너 직원
비버리힐즈	32,000	60,000	30	12
산타페 스프링즈	16,000	13,000	20	0

출처: 디 로레토, 쩌(1999)

지금까지 학교가 해 온 일은 매우 적다. 사실 학교는 저소득층 아이들에게 공평한 기회의 장을 제공하지 못했을 뿐만 아니라 오히려 그 격차를 더 심하게 만들었다.

학급문고를 다시 보자

우리는 비버리힐즈와 와츠 지역의 비교 연구에서 비버리힐즈 학교의 평균 학급문고 수는 약 400권이고, 와츠 지역의 학급문고 수는 평균 50권이라는 사실을 알게 되었다.

듀크(Duke)는 고소득층 지역의 1학년 교실 학급문고에 있는 서적과 잡지 수는 학생당 33권인데 비해 저소득층 지역에서는 학생당 18권이라고 보고하였다. 그 한 해 동안 고소득층 지역 학교에는 학생당 평균 19권의 도서와 잡지가 추가되었지만 저소득층 지역의 학교에서는 단 10권만 학급문고에 추가되었다. 또한 듀크는 저소득층 지역 교실의 책이 "점점 더 낡아가고 있다"는 사실을 지적하였다.

고소득층 지역의 교실에는 더 많은 책이 비치되어 있다. 학급문고에 학기 초에만 총 21권의 책이 전면에 비치되었고 그해 동안 총 60

권이 더 비치되었다. 이것은 저소득층 교실에서 학기 초 단 10권이 전면 비치되고, 한 해 동안 16권이 추가로 비치된 것과 비교가 된다.

사서가 있는 것과 없는 것의 차이

비버리힐즈 지역에 있는 학교의 도서관은 와츠에 비해 2~3배 많은 도서를 소장하고 있다.

뉴먼과 첼라노는 고소득층 지역 학교도서관들은 아동 한 명당 더 많은 도서가 비치되어 있고(저소득층 지역은 12.9권과 10권인데 비해 고소득층 지역은 18.9권과 25.7권) 도서관을 개방하는 날이 더 많다는 것을 발견하였다(고소득층 지역에서는 일주일에 5일 개방하는데 반해 저소득층 지역의 도서관은 4일 혹은 2일 개방). 고소득층 지역의 모든 학교도서관에는 석사 학위를 가진 사서가 배치되어 있으나 저소득층 지역의 도서관에는 자격을 갖춘 사서가 없었다. 랜스와 연구진이 도서관 직원들의 질과 학생들의 읽기 점수가 상관이 있음을 발견했다는 사실을 되새겨보아야 할 것이다.

이러한 차이는 도서관 서비스 부문에서도 찾아볼 수 있다. 캘리포니아 연구에서 르무와느(LeMoine), 브랜드린(Brandlin), 오브라이언(O'Brian), 맥퀼란은 부유한 지역에서 학업 성취도가 높은 학교의 학생들은 개인 혹은 반 전체가 자주 학교도서관을 방문할 수 있고, 집으로 책을 가져갈 수도 있다는 것을 보고한 바 있다. 성취도가 낮은 15개 학교 중 7개 학교는 학생들이 집으로 책을 가져가는 것을 허용하지 않았다.

앨링턴, 주스(Guice), 베이커(Baker), 마이클슨(Michaelson)과 라이(Li)는 뉴욕 주의 12개 학교도서관을 조사하면서 유사한 결과를 보고한 바 있다. 가난한 학생이 거의 없는 6개 학교도서관은 가난한 학생이 많은 6개 학교도서관보다 더 많은 책을 보유하고 있었다.

앨링턴과 그의 동료들은 빈곤한 가정의 아이일수록 학급문고가 더 작은 환경에 놓여 있다는 것을 발견하였고, 가난한 아이들이 많이 다니는 일부 학교는 주 1~2회만 도서관을 방문할 수 있도록 규제하고 있다고 보고하였다. 아이들이 빌려갈 수 있는 책의 권수가 제한되어 있는 학교도 있었다(한 번에 한두 권 대출 가능). 도서관 밖으로 책을 가지고 나갈 수 없도록 금지하는 학교도 두 곳이나 있었다. 반면 가난하지 않은 지역의 학교는 그러한 제한도 없었고, 하루 동안 도서관을 찾는 횟수가 더 많았으며 몇몇 학교는 정규 수업 시간 전·후에도 도서관을 이용할 수 있었다.

이러한 격차는 내용 측면에도 적용된다. 고소득층 가정의 아이들은 자신들이 좋아하는 책을 자주 접할 수 있으나, 저소득층 가정의 아이들은 그렇지 못했다. 워시, 무어맨(Moorman), 터너는 텍사스 오스틴 지역의 6학년 학생 419명을 대상으로 책을 얼마나 쉽게 접할 수 있는지에 대해 조사해보았다. 결과는 다른 연구 결과와 일치했다(참조 표 2.1). 워시와 그의 연구진에 의하면 도서관을 활발하게 이용하고 있는 아이가 44% 정도 된다. 그 아이들은 어떤 도서관에서든 읽고 싶은 책을 구할 수 있다고 말했다. 연구대상자들은 무상급식과 할인 급식 여부를 기준으로 고소득층과 저소득층으로 나누었다. 저소득층 아이들이 도서관에 더 많이 의존했다. 특히 학교도서관에 많이 의존하고 있었다. 저소득층 아이들은 63%가 학교도서관을 활용했고, 고소득층 아이들은 40%가 학교도서관에 의존하고 있었다.

워시와 연구자들은 아이들이 읽고 싶어 하는 것이 무엇인지 질문하였다. 읽기 능력이나 성별에 관계없이 모든 아이들이 가장 선호한 책은 무서운 이야기와 만화책이었다(이 연구는 《해리포터》가 유명해지기 전에 실시되었다). 워시와 연구자들은 그러한 책이 아이들이 다니고 있는 3개 학교의 도서관에 있는지를 조사하였다.

아이들이 좋아한다고 말한 만화책이나 잡지는 인기가 많아 빨리 대출되기 때문에 이용하기가 어려웠다. 무서운 이야기책은 어느 정도 이용 가능하였다. 교실에서도 선호하는 책을 읽기가 쉽지 않았다. 대부분의 교사들은 아이들이 무슨 책을 좋아하는지 알고 있었고, 대부분 《구스범스》 시리즈 같은 책은 반대하지 않는다고("아이들이 읽는 것만으로도 만족한다") 언급하고 있으면서도 아이들이 좋아하는 책을 소량만 갖추고 있는 학급이 전체의 1/3이나 되었다. 아이들이 좋아하는 책을 충분히 가지고 있는 경우는 교사가 자신의 돈으로 책을 샀거나 학생들에게 책을 기증하도록 요청한 경우였다. 고소득층 가정의 아이들은 자신이 읽고 싶은 책을 학교 밖에서도 구할 수 있으나 저소득층 가정의 아이들은 읽고 싶은 책을 학교 밖에서 쉽게 구할 수 없었고 학교도서관이나 학급문고에만 의존하고 있었다.

새삼스러운 일은 아니지만 일부 도서관은 아이들이 읽고 싶어 하는 책을 목록에서 제외한다. 10살인 마이클은 이 점에 대해 지적한다. "훌륭한 사서들이 《Hardy Boys》나 《Tom Corbett, the Space Cadet》를 도서관에 넣지 않는 것이 참 이상해요!" 연구자 넬은 많은 사서들이 자신을 '양서의 수호자(guardians of good taste)'로 여기는 현실을 다양하게 제시한 바 있다.

모국어를 잘하는 사람이 외국어도 잘한다

도서관의 상황은 영어를 제2 언어로 배우려고 하는 이들에게 더 열약하다. 모국어를 읽고 쓰는 능력이 발달하면 외국어 능력을 향상시키는 데 매우 큰 도움이 된다.

　모국어를 잘 읽는 사람이 되려면 아이들은 모국어로 읽어야만 한다. 1991년에 이루어진 조사에 의하면, 미국 학교에 다니지만 영어 구사가 미숙한 아이를 둔 스페인 출신 가정에서 보유하고 있는 책은 겨우 26권이었다(이 수치는 아동 도서가 아니고 그 가정이 가진 전체 책의 권수였음). 이는 전국 평균의 5분의 1에 해당한다. 다시 한 번 말하지만, 학교는 이 문제를 해결하지 못하고 있다. 이중 언어 학교(Bilingual schools)에 대해서 연구한 푸치(Pucci)에 의하면 이중 언어를 가르치는 학교의 도서관에는 대략 학생 1명당 스페인어 책 1권을 보유하고 있었다. 이는 전국 초등학교가 학생 1명당 평균 18권을 보유한 사실과 비교된다.

　콘스탄티노(Constantino)는 ESL 학생들이 학교도서관에서 무엇을 제공하는지 거의 아는 바가 없고, 학부모들 또한 도서관에 무엇이 있는지 거의 알지 못하며, 도서관이 어떻게 운영되고 있는지도 알지 못하고 있다고 보고하였다.

훌륭한 교사의 딜레마

　앨링턴과 연구자들은 뉴욕 주에 있는 학교를 대상으로 조사한 보고서에서 "다양하고 많은 책을 보유하고 있는 교실의 경우 대부분의 책을 교사가 구매한다."라고 하였다.

　상당수의 훌륭한 교사들이 자신의 돈으로 학생들에게 책을 마련해 준다. 이러한 교사들은 도덕적 딜레마에 빠진다. 만약 교사가 책을 구입하지 않으면, 학생들이 읽을 책이 없어진다. 교사가 책을 구입하고 학생들의 리터러시 능력이 향상되면, 읽기용 교재와 사용하지도 않은 소프트웨어 교재에게 그 공이 돌아갈 것이다. 이러한 상황을 해결하는 유일한 방안은 학교에서 책 구입에 더 많이 투자하는 것이다.

재정은 확보할 수 있다. 컴퓨터나 시험에 투자하는 재정의 일부를 도서에 투자한다면 모든 아이들에게 좋은 읽기 교재를 제공할 수 있다.

학생들의 성적 향상을 위해 가장 먼저 해야 할 일

2003년 〈로스앤젤레스 타임스〉 기사에 의하면 전 대통령 부인 로라 부시가 도서관 기금으로 5,000달러를 기부하기 위해 버논 시의 한 초등학교를 방문하였다고 한다. 그 초등학교는 '미국 도서관을 위한 로라 부시 재단'에서 기금을 받은 최초의 학교였다. 이 기부 사례는 매우 희망적으로 들리지만, 좀 더 자세히 들여다볼 필요가 있다. 기사에 의하면, 기금을 신청한 6100개 학교 가운데 로라 부시 재단의 도움을 받은 학교는 단 2%에 해당하는 131개 학교에 불과하다.

어쨌거나 그 초등학교는 도서관에 400권의 책을 추가로 구입할 수 있는 기금을 받았다. 이로 인해 학생 1명당 확보되는 도서의 비율이 15권에서 16권으로 증가하게 되었다(전국 평균인 1인당 18권에는 여전히 미치지 못함). 〈로스앤젤레스 타임스〉 기사에 따르면 버논 시는 학교도서관 사서에 대한 예산이 없고, 예산 문제로 인해 다음 학기부터는 도서관 개방 시간이 축소될 것이라고 한다. 그렇게 된다면 누가 책을 선택하고 관리하며, 아이들에게 책을 소개할 것인가? 새로운 책을 교육과정에 통합하도록 교사들을 도와주는 일을 누가 할 것인가? 아이들은 언제 책을 볼 수 있을까?

학교도서관을 도우려는 부시 여사의 의도는 좋다. 그러나 부시 재단의 기여도는 달을 향해 화살을 쏘는 것과 같다. 방향은 옳지만 목표에 도달하기에는 너무 힘든 길이라는 말이다.

또 한 가지 제안이 있다. 〈주간 교육〉지 기사에 의하면 '낙오 학생 방지 정책(No Child Left Behind, 뒤떨어지는 학생이 없게 하자는 부시 정권의 공교육 프로그램)'에 따라 평가를 실시하는데, 그 비용이 2002~2008년에 53억 달러나 된다고 한다. 그 53억 달러를 학교도서관을 위한 신탁 펀드에 투자하는 것은 어떨까? 아주 빈곤한 지역의 학교도서관에 책을 마련하고 그곳에서 일할 직원들을 채용하는 데 사용하는 것이다. 그 돈이라면 이자만으로도 전국 모든 아이들에게 적절한 수준의 책과 도서관을 계속해서 보장할 수 있을지도 모른다.

또한 영구적인 기금이 마련되면 기금을 받기 위해 학교 간에 경쟁하거나, 연구 기금을 타기 위해 연구계획서를 작성하고 심사하는 데 시간을 낭비하지 않고 더 생산적으로 돈을 이용할 수 있는 방법을 찾게 된다는 것이다.

소리 내어 **책을 읽어주면**
더 많이 읽는다

짐 트렐리즈가 쓴 책 《하루 15분 책 읽어주기의 힘》 덕분에 아이들에게 책을 소리 내어 읽어주는 것이 널리 확산되었다. 거기에는 그럴만한 이유가 있다.

가정에서 아이들에게 책을 읽어주면 나중에 스스로 많은 책을 읽게 된다. 뉴먼(Neuman)의 연구에 의하면, 책을 많이 읽는 사람들은 생후 6개월 정도부터 낮잠을 잘 때나 잠자리에서 부모들이 매일 책을 읽어주었다고 한다. 또한 교사가 아이들에게 책을 읽어주고 그 이야기에 대해 토의하는 활동을 하면 아이들이 스스로 책을 더 많이 읽는다고 한다. 라오(Lao)의 연구에서는 책 읽기를 꺼려하는 12명 중 1명만이 어릴 때 책 읽어주기를 경험했으며 일찍이 책 읽기에 열성적이었던 10명은 어렸을 때 책 읽어주기를 경험한 것으로 나타났다.

두 학급을 대상으로 한 연구에서 아이들은 읽고 싶은 책을 고를 때 교사가 읽어주었던 책을 고르는 경향이 있다는 것이 확인되었다.

이번에는 대학 수준에서 책 읽어주기가 어떤 영향을 미치는지 알아보자. 피츠(Pitts)는 기본 수준인 대학생들(지능은 높으나 준비가 덜 된 학생들)에게 13주 동안 일주일에 1시간씩 책을 읽어주었다. 마크 트웨인, 샐린저(Salinger, 《호밀밭의 파수꾼》 작가), 애드거 알렌 포우, 서버(Thurber)의 작품을 읽어주고 작품에 대한 토의도 하였다. 그 수업을 들은 학생들은 수준이 비슷한 다른 반 학생들보다 양질의 책을 더 많이 대출했다고 한다. 더불어 기말 에세이 평가에서도 더 좋은 성적을 받았다고 한다.

소리 내어 책 읽어주기는 리터러시 향상에 많은 영향을 미친다. 우선 위에서 살펴본 바와 같이 이야기를 듣고 그에 대해 토의함으로써 책 읽기를 장려하며, 이것이 곧 리터러시 발달을 촉진하는 간접적인 영향을 미친다. 그리고 이야기를 듣는 것은 리터러시 향상에 직접적인 영향을 주기도 한다. 연구에 의하면 익숙하지 않은 단어가 포함된 이야기를 들은 후 아이들의 어휘 실력이 눈에 띄게 향상되었다.

또한 가정이나 학교에서 규칙적으로 책 읽어주기를 경험한 아이들은 독해력과 어휘력에서 매우 우수한 성적을 받는 것으로 나타났다.

덴턴(Denton)과 웨스트의 최근 연구에 의하면 2만 명 이상의 아이들을 대상으로 유치원 후반기와 1학년 후반기에 읽기 평가를 한 결과, 유치원에 들어가기 전부터 일주일에 적어도 3회 책 읽어주기를 경험한 아이들이 3회보다 적게 경험한 아이들보다 성적이 더 좋았다고 한다. 이 결과는 빈곤으로 인한 요인이 통제되었을 때 나온 것이다.

세네샬(Senechal), 르페브르(LeFebre), 허드슨(Hudson)과 로손(Lawson)의 연구는 부모들이 읽어주는 이야기책이 아이들의 리터러시 향상에 많은 도움이 된다는 것을 확인해 준다. 연구에 의하면 이야기책의 저자와 제목을 묻는 평가에서 높은 점수를 받은 부모들의 자녀가 어휘 평가에서 더 나은 점수를 받았다. 이 결과는 부모의 교육 정도 및 읽기 습관과는 무관하다.

소리 내어 읽어주는 이야기를 듣는 것은 많은 이점이 있을 뿐만 아니라 즐거움도 준다. 대부분의 어린이들이 소리 내어 읽어주는 것을 좋아한다는 것은 부모들이 이미 알고 있는 사실이다. 이러한 사실을 확인시켜주는 연구가 있다. 피텔슨(Feitelson), 키타(Kita), 골드스테인(Goldstein)은 연구에서 소리 내어 책 읽어주기가 아이들의 언어 발달에 긍정적인 영향을 미친다고 하였다. 그들은 실험 결과로 나온 점수뿐만 아니라 아이들이 이야기를 듣고 어떻게 반응하였는지에 대한 흥미로운 보고서도 제시하였다. 이스라엘 1학년 학생들에게 선생님이 원숭이의 모험에 관한 이야기인 《코피코Kofiko》 시리즈를 읽어주었다. 다음은 읽기 프로그램을 시작하고 2달 후 교사가 아이들을 관찰한 기록에서 발췌한 내용이다.

11:20 칠판에 있는 숙제를 베껴 쓰느라 교실이 분주하다.

11:25 교사가 아동들에게 "코피코 책을 읽어야 하니까 좀 서둘러야겠다."라고 말하자 아이들이 좋아서 함성을 지른다. 아이들은 과업을 끝내기 위해 서둘렀다. 빨리 끝낸 몇몇 아이들은 느린 친구들을 도와주기도 했다. '시간 낭비하지 않게 빨리 하자'라는 소리가 여기저기서 들려왔다.

피텔슨과 연구자들은 아이들이 교사가 들려주는 이야기를 듣고 싶어 할 뿐만 아니라 부모에게 《코피코》 책을 사달라고 부탁했다는 사실을 보고하였다.

"연구가 끝났을 때, 실험반 학생 31명 중 13명이 개인적으로 한 권 이상의 코피코 책을 가지고 있었다. 아동들이 가진 코피코 책을 모두 합하면 45권이었다. 다른 4명의 아이들은 친지나 이웃 또는 공공도서관에서 코피코 책을 빌렸다. 그와는 대조적으로 교사가 책을 읽어주지 않은 반에서는 3개 가정에 코피코 책이 1권씩 있었고, 또 다른 학급에서는 4개 가정에 1권, 1개 가정에 2권이 있었다. 책을 읽어주지 않은 반의 경우 코피코 책은 모두 형제가 보던 책이었고, 1학년 학생 중에 그 책을 읽은 학생은 한 명도 없었다."

《하루 15분 책 읽어주기의 힘》에서 책 읽어주기의 영향력에 관한 놀라운 예를 찾을 수 있다.

학기 중에 6학년 학습부진아 학급을 맡게 된 할라한(Hallahan)은 첫 수업시간에 학생들에게 책을 읽어주었다. 책 제목은 《나의 올드 댄, 나의 리틀 앤Where the Red Fern Grows》이었다. 무감각하고 세상물정에 밝으며 자존심이 강한 남학생들은 교사가 책을 읽기 시작하자 모욕감을 느꼈다.

학생들은 "저희를 아기로 여기시는 겁니까?"라고 말하며 교사의 의도를 궁금해 했다. 할라한은 단지 자신이 가장 좋아하는 이야기를 학생들과 함께 나누고 싶었을 뿐이라고 설명했다. 그리고 책을 계속 읽어 나갔다. 교사는 매일 책을 읽어주면서 수업을 시작하였는데, "오늘부터는 제발 읽어주지 마세요. 왜 아무도 안 하는 일을 하시는 거예요?"라고 불평이 가득한 인사를 들어야 했다.

나중에 할라한은 "많이 힘들고 실망스러웠어요."라고 털어놓았다. 하지만 그녀는 계속 학생들에게 책을 읽어주었다. 몇 주가 지나자 아이들의 태도가 달라지기 시작했다. 학생들은 "오늘 책 읽어주실 거죠?", "선생님, 책 가지고 오는 거 잊지 마세요."라고 말하였다.

"학생들에게 변화가 있다는 것을 알게 되었습니다."라고 그녀는 고백했다. "그 책을 거의 다 읽어갈 무렵이었습니다. 우리 반에서 학습 수준이 가장 낮은 남학생 한 명이 금요일 방과후에 집에 들러 도서관 카드를 가지고 《나의 올드 댄, 나의 리틀 앤》을 빌려갔다고 해요. 그 책을 다 읽고는 월요일에 학교에 와서 이야기가 어떻게 끝나는지를 모두에게 말해주었어요."

첫 키스 같은 한 권의 책을 만나게 해주자

책을 읽어 보는 경험 자체가 읽기를 촉진한다. 학교 자율 독서에 관한 연구에서 지속적으로 나타나는 점은, 이 프로그램에 참여한 학생들이 전통적인 수업에 참여한 학생들보다 읽기 프로그램이 종료된 이후에도 자발적으로 책을 더 많이 읽는다는 것이다. 그리니(Greany)와 클라크(Clark)는 이에 대한 극적인 예를 제시했다. 학교 자율 독서 프로그램에 8개월 반 동안 참여한 6학년 남학생들이 프로그램 운영 기간 동안에 여가 활동으로 읽기를 더 많이 했을 뿐만 아니라, 6년이 지난 후에도 비교군 학생들에 비해 더 많은 책을 읽었다. 쩨(Tse)는 독서를 여가 활동으로 생각해 본 적이 없고, 미국에 오기 전까지는 영어로 된 책을 읽어 본 적도 없는 ESL 성인반 학생인 조이스에 대해 기술하였다. 조이스는 다독 수업에 참여한 후에 읽기에 대한 태도가 극적으로 바뀌었다. 그 과정이 끝난 후에도 계속 책을 읽었으며, 남편에게도 전통적인 수업보다는 이 수업을 들어보라고 권유하였다. 신(Shin)은 SSR(조용히 읽기) 과정을 1년 동안 경험한 16명의 ESL 중학생들 가운데 독서가 즐거워졌다고 응답한 학생이 있었다고 말한다. SSR 체험을 하기 전에는 16명 중 3명(23%)만이 즐겁게 독서하는 학생들이었지만, 학년 말에는 56%로 그 비율이 증가하였다.

조(Cho)와 크라센의 연구에 의하면 한국 초등학교 교사들이 쉽고 흥미로운 아동용 도서를 단 2시간 동안 접하고 나서 독서에 대한 흥미도가 높아졌으며 즐겁게 영어책을 읽게 되었다. 그 전에 교사들은 어려운 글을 읽으면서 영어 공부를 해왔고, 많은 교사들은 영어책을 재미있게 읽어 본 경험이 전혀 없었다.

아이들의 독서 욕구를 자극한 책들

> 내가 1학년 때 가필드 책을 처음 읽었다. 그때 나는 TV보다 더 흥미로운 것을 찾았다고 생각했다.

트렐리즈는 단 한 번의 아주 긍정적인 읽기 경험이 열성적인 독자로 만들 수 있다고 제안한다.

트렐리즈는 '홈런 북(Home Run book)'이라는 용어를 패디먼(Fadiman)이 한 말에서 빌려왔다. 패디먼은 "누구에게나 첫 번째 책, 첫 키스, 첫 홈런이 항상 최상의 것이 된다."라고 말했다.

시리즈로 진행된 세 연구에서 트렐리즈가 옳다는 것이 확인되었다. 연구자들은 초등학교 아이들에게 "책 읽기에 흥미를 가지게 된 특별한 경험이나 책이 있었는가?"라고 질문했다. 그리고 가능하면 책 제목을 적도록 하였다.

학생들의 응답을 보면 아이들이 질문을 이해했다는 것을 알 수 있다. 대부분의 학생들은 책 제목만 말했고, 몇몇 학생들은 다음과 같은 설명을 덧붙였다.

"《Box Car Children》이라는 책은 나를 독서하는 사람으로 만들어주었다. 좋은 책이다."

"《Captain Underpants》는 나를 흥분시켰다. 왜냐하면 아주 재미있고 모험적이기 때문이다."

"내가 흥미를 갖게 된 책은 《Clue》였다. 그 전에 나는 책 읽기를 싫어했다."

"내 첫 번째 책인 《Chika Chika Boom Boom》을 읽은 후부터 책 읽기를 좋아했다."

본 스프렉켄(Von Sprecken), 김(Kim), 크라센에 의하면 4학년 학생 124명 중 53%가 적어도 하나의 홈런 북을 기억해냈다. 김과 크라센은 빈곤층 학교의 6학년생 103명 중 75%가 한 권 이상의 홈런 북을 기억해냈다고 언급했다. 또한 저소득층 지역 학교의 4, 5학년 266명 중 82%가 한 권 이상의 홈런 북을 기억해냈다고 한다.

아이들은 다양한 종류의 책을 홈런 북이라고 언급했는데, 이는 가장 좋아하는 책을 조사한 다른 연구 결과와 일치한다. 본 스프렉켄과 연구자들의 연구에서 4학년 학생들은 가장 좋아하는 책으로 다음과 같은 책을 언급했다. 《애니모프Animorphs》 8명, 무서운 이야기책 16

명,《마블코믹스Marvel Comics》3명,《샬롯의 거미줄》2명, 주디 블룸(Judy Blume)의 책 2명,《Box Car Children》2명,《The Lion, the Witch and the Wardrobe》2명, 비버리 클리어리(Beverly Clearly)의 책 4명, 그 외에 여러 권이 있다. 김과 크라센의 연구에서 6학년 학생들은《Don't look at the Mirrow》,《Kristy's Great Idea》,《The Giver》,《Night in the Terror Tower》,《The Giving Tree》,《The Plague》,《The Outsiders》,《Island of the Blue Dolphin》,《Looking for Home》,《Calling All Creeps》,《Pigs Can Fly》,《The Diary of Anne Frank》,《Goosebumps》,《Matilda》,《Annie and the Old One》,《Go Dogs Go》와 같은 책을 홈런 북으로 꼽았다.

또 다른 연구에서는《Fear Street》,《Captain Underpants》,《The Little Mermaid》,《The Stone Fox》,《Goosebumps》가 홈런 북으로 꼽혔다.

라오의 연구에서는 대상자들이 홈런 북을 경험하게 된 다양한 계기를 엿볼 수 있다. 한 사람은 주디 블룸의 책을 꼽았고 다른 이는 잡지책을 꼽았다. 연구대상자인 제인은 다음과 같이 말했다. "선생님들은 틀에 박힌 읽기용 교재를 의무적으로 읽도록 했다. 나는 그 책을 전혀 좋아하지 않아서 힘든 시간을 보냈다. 그러던 어느 날 어머니가 〈True Confessions〉라는 잡지를 갖고 오셨다. 이 잡지는 남자친구나 엄마와의 관계로 힘들어하거나 삶의 여러 문제를 겪고 있는 소녀들에 관한 이야기를 다루고 있었다. 나는 이 잡지를 매우 좋아했고, 그때부터 본격적으로 읽기를 시작하였다."

학생들이 폭넓고 다양한 종류의 책을 언급했다는 사실은 다양한 종류의 책이 학교와 학급문고에 많이 비치되어 있어야 하며, 언어 수업

시간에 다양한 영역에 걸친 문학 서적을 소개해야 한다는 것을 시사한다. 어떤 책이 어떤 아이에게 홈런 북을 경험하게 해줄지는 아무도 예측할 수 없다.

아이들은 **다른 사람**이
책 읽는 모습을 보면 **더 많이** 읽는다

아이들은 학교나 집에서 다른 사람들이 책 읽는 모습을 보면 더 많이 읽는다. 모로우(Morrow)는 보육시설이나 유치원에서 조용히 책 읽는 시간에 교사들도 같이 책 읽기를 하면 아이들이 책을 더 많이 읽는다는 것을 발견했다. 웰달(Wheldall)과 엔드위슬(Entwhistle)은 평소 책 읽기 시간에 8~9세 아이들이 보여주는 행동양식에 대해 조사했는데, 교사가 책을 읽지 않을 때보다 교사도 책을 읽고 있을 때 아이들이 독서에 더욱 몰두한다는 것을 확인했다.

모로우와 뉴먼의 연구에서 부모가 여가시간에 책을 더 많이 읽으면 자녀가 독서를 더 많이 하는 것으로 알려졌다. 반면 부모가 독서에 별 관심이 없으면 자녀들의 독서량도 많지 않았다. 읽기에 별 관심이 없는 부모들도 자녀의 독서를 장려하기 위해서 여러 노력을 해보았을 것이다. 이 연구 결과에 따르면 자녀의 독서를 장려하기 위해서는 모델의 존재가 중요하다.

여러 연구를 통해 우리는 교사들 역시 책 읽기 시간에 실제로 즐겁게 독서를 해야 한다는 것을 알 수 있다. 문서 업무가 많은 교사들에게 어려운 주문일 수 있겠지만, 결과를 생각해 본다면 충분히 희생할 가치가 있는 것이다.

책 읽을 **시간을 주면**
스스로 읽는다

단지 읽을 시간을 주는 것만으로도 아이들은 독서를 더 많이 하게 된다. 앞서 본 바와 같이 SSR(조용히 읽기)은 아이들에게 책 읽을 시간을 준다. SSR 프로그램에 참여한 아이들은 그렇지 않은 아이들에 비해 알아서 스스로 잘 읽는다. 이는 SSR 프로그램이 끝난 직후뿐만 아니라 몇 년이 지난 후에도 마찬가지이다. 또한 학생들이 SSR 시간을 실제로 독서에 잘 활용한다는 명백한 증거가 있다.

본 스프렉켄과 크라센은 한 중학교의 SSR 시간을 관찰한 후 90% 학생들이 읽기를 하고 있었다고 보고하였다. 이 연구 결과에 의하면, 학급문고에 더 많은 책이 있을수록, 학생들이 읽는 동안 교사도 같이 책을 읽을수록, 학생들에게 읽을 책을 가져오라고 요구하지 않을수록, 학생들이 특정한 책을 읽도록 교사가 의도적인 노력을 기울일수록, 교실에서 하는 읽기 활동은 더욱 촉진되었다. 관찰대상인 11개 학급 중 한 학급은 학급에 비치된 책이 거의 없었고, 교사가 책 읽는 모습을 보여주지 않았으며, 책 추천도 없었고, 학생들이 스스로 읽을 책을 가져와야 했다. 그럼에도 불구하고 해당 학급 학생의 80%가 SSR 시간에 읽기를 하는 것으로 관찰되었다.

코헨은 2주가 넘는 기간 동안 SSR 시간에 중학교 2학년 학생 120명을 눈에 띄지 않게 관찰하였는데, 94%가 SSR 시간에 읽기를 하는 것을 볼 수 있었다. 코헨은 학년 초에는 학생들의 독서 열의가 높지 않았지만, 1~2달 후에는 열의가 높아진 데 주목했다.

헤르다(Herda)와 라모스(Ramos)의 보고에 의하면, 초등학교 1학년부터 고등학교 3학년 학생들 중 63%가 SSR 시간에 적극적으로 읽기를 하였다. 1학년부터 5학년까지는 적극적으로 읽기를 하는 학생의 비율이 훨씬 높아, 76~100%의 학생들이 읽기를 하였다. 고학년의 경우에는 읽기와 공부 중 하나를 골라서 할 수 있도록 선택권을 부여했는데, 상당한 비율의 학생들이 공부하는 시간으로 활용했다. 그럼에도 불구하고 고3 학생들의 29%, 중3 학생들의 65%가 독서를 즐겼다.

아이에게 **독서를 권장할 때**
반드시 지켜야 할 것

　이 분야에 대한 연구는 아직 부족한 실정이지만, 아이에게 독서를 제안하는 것만으로도 독서량에 영향을 미칠 수 있는 것으로 나타났다. 모로우의 연구에 의하면 보육시설과 유치원에서 교사들이 아이들에게 독서 코너를 이용하라고 장려할수록 독서를 많이 하는 것으로 나타났다. 램(Lamme)은 초등학교에서 교사가 도서관 이용을 권장하면 학생들의 도서관 이용도 더 늘어난다는 것을 발견하였다. 그리니와 헤거티의 연구에 따르면, 책을 많이 읽는 5학년 학생의 부모 중 73%가 특정한 책을 읽도록 장려하는 반면에, 책을 읽지 않는 학생의 부모는 44%만이 독서를 장려한 것으로 나타났다.

　뉴먼은 학생들이 책 읽기에 몰두하는 시간과 부모의 격려 사이에 강한 상관관계($r=.53$)가 있다고 보고하였다.

반대로 읽기 자료가 적절하지 않을 경우에는 학생들에게 읽기를 지도하는 것이 오히려 역효과를 가져올 수도 있다. 읽기 자료가 흥미롭지 않거나 이해하기 힘들 때, 또는 이 두 가지 모두일 때가 이에 해당한다. 앞서 살펴본 5학년을 대상으로 한 그리니와 헤거티의 연구에 의하면 책을 읽지 않는 학생의 부모들은 상대적으로 신문 읽기를 더 많이 권장했다(41%). 책 읽기를 하는 학생의 부모는 단지 18%만이 신문 읽기를 권장했다. 이 연구만 봤을 때는 신문 읽기가 적어도 5학년 학생에게는 적절하지 않다고 해석할 수 있다.

벤 카슨(Ben Carson)의 사례 연구를 보면, 아이들에게 읽기를 장려하면 읽기에 대한 흥미를 자극해 결국 러터러시의 발달을 촉진하는 것으로 나타났다. 현재 신경외과 의사인 카슨은 5학년 때 열등생이었다. 그의 어머니는 매주 책 두 권을 도서관에서 대출해서 책을 읽은 후 주말마다 책 내용을 보고하게 했다. 카슨은 그 일이 그다지 내키지 않았지만, 어머니의 말을 따랐다. 여기서 중요한 사실은, 카슨의 어머니는 그가 원하는 책은 무엇이든지 읽도록 허락했다는 것이다.

처음에 카슨은 자신이 좋아하는 동물, 자연, 과학 등에 관한 책을 골랐다. 카슨의 보고에 따르면, 그는 전통적인 교과목에서는 매우 뒤떨어진 학생이었지만, 5학년부터 과학 과목은 매우 우수한 학생이 되었다. 과학에 관한 책 읽기가 확장되면서 그는 과학과 관련된 분야는 무엇이든 답할 수 있는 5학년 최고 전문가가 되었다.

카슨은 책 읽기로 인해 독해력과 어휘력이 향상되었다. 이는 다른 모든 교과목에도 긍정적 영향을 미쳤다고 믿는다. 한 예로 수학에서 "문장 형태의 문제를 풀 때 그는 최고의 학생이었다." 뿐만 아니라 읽기는 철자법 실력에도 영향을 미쳤다. "나는 여름 내내 읽기를 계속하였고, 6학년이 되었을 즈음에는 의식적으로 암기하지 않아도 수많은 단어의 철자를 알 수 있었다."

초기에 어머니가 카슨에게 준 자극이 극적인 결과를 가져온 것이다. "읽기를 계속하면서 철자법, 어휘력, 독해력이 향상되었고 수업시간이 훨씬 더 재미있어졌다. 내 성적은 아주 많이 향상되어 중학교에 들어가서는 반에서 1등을 했다." 분명한 것은 카슨의 어머니가 그에게 딱 알맞은 정도로 독서를 장려했다는 것이다. 즉, 카슨은 책을 스스로 선택할 수 있었기 때문에 읽는 즐거움을 만끽할 수 있었고, 이에 따라 더 이상 읽기 지도가 필요치 않게 되었다.

읽고 싶은 책을 스스로 골라 읽는 것이 얼마나 중요한가는 칼슨(Carlsen)과 셰릴(Sherrill)이 독자를 대상으로 한 인터뷰에서도 잘 드러난다.

> 초등학교에 다닐 때 나는 책을 별로 좋아하지 않았다. 어머니는 책을 읽으라고 강요했는데, 어머니가 권해주는 책은 너무 어렵거나 전혀 흥미롭지 않은 주제여서 무척 싫어했다. 우리 누나는 말이 등장하는 이야기에 푹 빠져 있었는데, 나는 그런 이야기에는 전혀 흥미가 없었다.

아이가 책을 읽게 만들려면 매우 흥미 있는 책을 접할 수 있는 환경이 갖추어져 있어야 하고 책을 읽을 수 있는 능력이 있어야 한다.

신(Shin)은 책 읽기를 직접 장려한 것이 효과가 있었던 다른 사례를 제시한다. 제임스는 4학년 수준의 읽기 능력을 가진 6학년이었고 읽기에 자신감이 없었다. 제임스는 자율 독서를 중심으로 한 여름방학 특별 프로그램에 등록하게 되었다. 연구자는 제임스가《구스범스》를 읽고 이해할 수 있는 수준이라는 것을 파악하고《구스범스》한 권을 다 끝낼 수 있도록 격려하였다. 그리고 주말 동안 한 권을 더 읽도록 하였다.

제임스는 그렇게 할 수 있을지 자신이 없었다. 그러나 결국 읽기를 모두 끝냈고, 자신에 대해 스스로도 놀랐다고 한다. 이어 연구자는 제임스에게《구스범스》한 권을 하루에 끝내는 도전을 하게 했다. 제임스는 마지못해 그 도전을 받아들였지만 마침내 성공했다. 그 이후 몇 주 동안 매일 하루에 한 권씩 책을 읽어냈다. 그러다가 차츰《Fear Street》, 주디 블룸의 책으로 옮겨갔고, 여름 내내 총 40권을 읽었다.

제임스에게 적용된 독서 장려 방식은 바람직했다. 벤 카슨의 사례처럼 많은 책을 접할 수 있는 환경이었고, 읽기 자료가 매우 재미있었으며, 읽어낼 수 있는 능력이 있었다. 제임스에게 단 하나 부족한 것은 자신감이었다.

학생들에게 자율 독서에 관한 이론과 연구에 대해 알려주는 것도 독서를 장려하는 좋은 방안이다. 이것은 특히 전통적인 언어 교수법으로만 언어 공부를 해왔고 그것이 옳다고 생각하는 고학년 학생들에게 중요하다.

독서 습관을 길러주는 4가지 요소

아이들이 얼마나 많은 책을 읽는지에 영향을 미치는 중요한 요인은 아래와 같다.

① **토론 및 문학 서클**: 제 1장에서 지적했듯이 학생들은 읽은 내용에 대해 짝이나 모둠원과 토론을 하면서 성취도가 높아졌다. 아주 흥미로운 사실은, 일주일에 한 번씩 교사와 학생이 일대일로 만나 학생이 읽은 내용에 대해서 토론하고 앞으로 읽을 책을 계획하는 활동은 그다지 성과가 좋지 않았다는 것이다.

제 1장에서 논의했던 엘리와 만구하이의 연구에서도 '함께 읽기'를 한 집단은 순수하게 SSR을 한 집단보다 연구 첫 해에 좋은 결과를 나타냈다. 그러나 2년 차에는 큰 차이를 보여주지 못했다. '함께 읽기'란

학급 전체에게 책을 읽어주고, 토론도 하고, 함께 읽기도 하며 역할극을 하는 것이다.

이러한 연구는 읽기의 양보다는 읽기를 통해 얻은 성과에 초점을 맞추고 있지만 그 결과가 시사하는 바가 있다.

② **또래집단의 영향**: 애플비(Appleby)와 코너(Conner)는 한 학기 동안 고등학교에서 실시한 자율 독서 과정에 대해서 소개하고 있다. 연구자들이 비공식적으로 관찰한 결과 학생들의 읽기는 또래에게 크게 영향을 받는 것으로 나타났다. 심지어 어떤 학생들은 자신의 흥미를 제쳐두고 친구들이 읽고 있는 책을 읽어야 한다고 생각하고 있었다. 웬데린(Wendelin)과 징크(Zinck)는 5학년 학생들에게 현재 읽고 있는 책을 고른 이유가 무엇인지 물어보았다. 69%의 학생이 선생님의 추천보다 친구의 추천을 따른다고 응답했다. 워시는 6학년 학생들을 대상으로 한 연구에서 또래의 추천이 자율 독서에 가장 중요한 동기일 수 있다고 결론내리고 있다.

③ **책 전시**: 모로우는 보육시설이나 유치원의 훌륭한 교사들은 서점 주인이나 다름없다고 보고했다. 도서 코너에 포스터, 게시판, 아동 문학책 같은 매력적인 전시물이 비치되어 있을 때, 아이들은 책에 더 많은 흥미를 느낀다.

④ **문고판**: 로우레이(Lowrey)와 그래프트(Grafft)는 4학년 학생을 두 그룹으로 나누어 비교 연구했다. 한 그룹은 양장본을 읽게 하고, 또 한 그룹은 같은 책이지만 문고판을 읽게 했다(학생과 교사 모두에게 인기 있는 책).

연구 결과 양장본을 읽은 그룹은 별다른 변화를 보여주지 못한 반면에, 문고판을 읽은 그룹은 책과 독서에 대한 태도가 놀라울 정도로 향상되었다. 그 외에도 로스(Ross), 웬들린, 징크, 캠벨, 그리스월드(Griswald), 스미스가 실행한 연구에서도 어린이들은 문고판을 선호하는 것으로 나타났다.

짐 트렐리즈는 부모가 자녀의 독서를 촉진하는 방안에 관해 흥미로운 제안을 한다. 그는 인터뷰를 통해서 3B를 실천할 것을 추천하였다.

- **책에 대한 주인의식**(Book ownership): "자신이 소유하고 있는 특별한 책의 제목을 말하면서 그 책을 다른 사람들과 나누지 않는 사람들을 자주 만나게 된다."

- **책꽂이 마련하기**(Book rack): 트렐리즈는 욕실에 책꽂이를 두고 읽을거리를 비치해두라고 제안한다.

- **잠들기 전 책 읽기**(Bed lamp): 심지어 3살짜리 아이에게도 "너는 엄마 아빠처럼 침대에서 책을 읽을 수 있을 만큼 충분히 자랐어."라고 이야기할 수 있어야 한다.

이와 더불어 교사들은 아이들의 독서를 장려하기 위해 '책과의 대화'나 '저자 강연' 등을 이용하기도 한다.

만화책에 관한
오해와 진실

만화책은 상상의 나래를 펴게 해주었고, 많은 어휘를 알게 해주었다. 6살짜리 중에 누가 'serum' 또는 'invulnerability'가 무슨 뜻인지를 알겠는가? - 샤론 조

1957년 11월 어느 날 나는 힐크레스트 초등학교 1학년 교실 문 앞에서 기막힌 단어를 생각해내려고 애쓰고 있었다. 선생님은 우리 반 아이들에게 단어 맞히기 게임을 하라고 했다. 한 아이가 전체 아이들에게 단어를 말하면, 그 단어의 철자를 맞히는 게임이었다. 아무도 철자를 맞히지 못하면 문제를 낸 아이가 점수를 받게 돼 있었다. 물론 문제를 낸 아이는 그 단어의 철자를 알고 있어야 한다. 가장 높은 점수를 받은 사람이 모두가 원하는 금색 별을 받을 수 있었다.

"Bouillabaisse!"

내가 고심 끝에 단어를 말했다.

"너는 그게 무슨 뜻인지도 모르잖니!" 선생님이 꾸짖었다.

"생선 수프예요." 내가 대답했다.

"하지만 너는 철자를 모르잖아."

"말할 수 있어요."

"이리 와서 써보렴."

나는 그 단어를 썼다. 선생님은 고개를 끄덕였다.

그것은 내가 가장 쉽게 얻은 금색 별이었다. 늦었지만 지금이라도 만화책《도덜드 덕Donald Duck》작가에게 Bouillabaisse라는 단어를 알게 해줘서 고맙다고 인사하고 싶다. 또 네댓 살 때 만화책을 읽어준 엄마에게 감사하고 싶다. 엄마 말고도 만화책을 읽어준 많은 분들에게 감사한다. 나는 만화책을 통해 학교에 입학하기 오래 전부터 책 읽기를 배웠다. 다른 아이들이 '양서'를 읽으려고 고군분투할 때 나는《슈퍼맨》을 읽고 있었다. 나는 'indestructible'이 무슨 뜻인지 알고 있었고, 철자도 알고 있었다. 나는 Bouillabaisse 이후 아쉽게도 게임에 참여하지 못하게 되었는데, 게임에서 제외되지 않았더라면 'indestructible'으로 금색 별을 더 받을 수 있었을 것이다.

이 멋진 스토리를 쓴 사람은 '마블코믹스'의 전 편집장 짐 슈터이다. 이 이야기는《Overstreet Comic Book Price Guide》에 나온 내용이다.

아이들을 책으로 안내하는 가장 강력한 방법은 가벼운 읽을거리를 만나게 해주는 것이다. 가벼운 읽을거리는 학교에서 다루지 않거나, 경제적 혹은 이념적인 이유로 아이들에게 읽지 못하게 하는 책이다. 나는 우리 모두 가벼운 읽기로 읽기를 배웠을 것이라고 짐작한다.

이 장에서는 만화책에 초점을 맞추어 살펴보았다. 만화책은 언제나 인기가 많다. 그리고 만화책 읽기에 관한 흥미로운 연구가 많이 있다.

어떻게 만화책이 독서를 장려할 수 있는가를 보여주기 전에 나는 만화책 역사를 간략히 제시하고자 한다. 그러고 나서 대중이 관심을 갖는 질문(만화책은 읽을 만한 가치가 있는가? 만화책이 해롭지는 않은가?)에 초점을 맞춘 연구를 제시할 것이다. 마지막으로 만화책 읽기가 자발적인 독서로 이끌 수 있는가, 하는 본래의 관심사로 돌아가 논의하고자 한다.

만화책은 선인가, 악인가

만화책은 1937~1955년에 '황금기'를 맞았다. 이때는 슈퍼맨, 배트맨, 원더우먼, 아치(Archie) 같은 캐릭터가 등장한 시기였다. 이 기간 동안 90%의 초등학생과 50~80%의 중학생들이 만화책 독자였다.

라이니스(Lyness)는 만화책 독자를 더 적게 본다. 하지만 그의 연구에서도 만화책을 읽는 아동의 수는 상당히 많다. 5학년 남학생의 69%가 일주일에 적어도 만화책 4권을 읽었고, 10권 이상을 읽는 경우도 46%라고 보고했다.

정신과 의사인 웨덤(Wertham) 박사가 자신의 저서 《순수의 유혹 Seduction of the Innocent》에서 만화의 폐해를 지적하면서 만화책이 독자의 행동에 미치는 영향을 걱정하기 시작했다. 그 결과 만화책을 평가하는 코믹 코드(Comics Code)가 만들어졌다. 이에 대해 한 만화책 학자는 "미국 대중매체 중 가장 엄격한 검열"이라고 말했다.

그로 인해 만화책의 질이 떨어지기 시작했다. "작가나 삽화가는 유령이나 웃기는 동물을 등장시켜 지겹고 반복적인 이야기만 생산하기 시작했다."

만화책이 부정적인 영향을 미칠 것이라는 우려는 사실이 아니었다.

연구에 따르면 만화책을 읽는 것과 행동은 전혀 연관이 없다. 호울트(Hoult)의 연구에 의하면 비행 청소년이 그렇지 않은 청소년에 비해 '유해'하고 '의심스러운' 만화책을 더 많이 읽은 것은 사실이지만, 연구대상자들 모두가 만화책을 읽은 것으로 나타났다.

위티(Witty)는 초등학교 4~6학년 중 만화책을 가장 많이 읽는 10%의 학생과 가장 적게 읽는 10%의 학생을 비교한 결과 두 집단 모두 "평균 성적이 비슷했고, 선생님은 모두 똑같이 잘 적응하고 대인관계가 원만한 학생들이라고 생각한다."라고 보고했다. 레윈(Lewin)도 비슷한 연구 결과를 보고했다.

만화책의 은 시대(Silver Age)는 1961년에 마블코믹스에서 《판타스틱 4Fantastic Four》가 출간되면서 시작되었다. 뒤이어 1962년에는 미국 만화책 역사상 가장 중요한 사건이 일어났다. 바로 스파이더맨의 등장이다. 스탠 리(Stan Lee)의 주도 아래 마블 사는 문제를 가진 첫 번째 슈퍼히어로(Superheroe)를 만들었다. 스파이더맨은 1940~50년대 슈퍼맨이나 배트맨에서는 상상하지 못한 캐릭터였다. 스파이더맨은 재정 문제, 연애 문제를 갖고 있었고 방향감각과 자신감이 없었다.

만화책의 은 시대 역시 여전히 강력했다는 명확한 증거가 있다. 하지만 기복은 있었다. 만화책의 연간 판매량은 1983년에 2억 달러였다. 1993년 8억 5천만 달러로 급상승했지만 1998년에는 3억 7천5백만 달러로 떨어졌고, 2000년에는 2억 5천만 달러였다.

일부 전문가는 최근 만화책의 수요가 애니메이션과 비디오 게임 때문에 줄었으며 회복의 조짐이 있다고 말한다(2001년 2억 6천만 달러로 판매량이 조금 늘었다).

만화 캐릭터를 기반으로 한 영화 덕분에 만화책에 대한 관심이 다시 폭발할 것으로 보인다. 한 사서에 따르면 "만화는 아이들에게 상당히 인기가 있고, 도서관 서가에 꽂혀 있을 틈이 없다"고 한다. 특히 10대들에게 인기가 있었다.

2002년 미국도서관협회(The American Library Association)는 학회 전날 개최되는 컨퍼런스에서 장편 만화에 대해 발표하는 시간을 가졌다. 2003년에는 도서전에서 하루 종일 장편 만화 발표가 진행되었고, 장편 만화 전시관을 열었다. 〈학교도서관 저널〉에서는 만화책과 장편 만화에 대한 칼럼을 정기적으로 싣고 있다.

1960년대 마블코믹 사가 1940년대 만화책을 뛰어넘은 것과 같이 장편 만화는 미묘하고 복잡하며 매혹적인 구성으로 만화책을 뛰어넘는다. 장편 만화 《다크 나이트Dark Knight》는 범죄와 싸우는 일에서 은퇴한 나이 든 배트맨을 그리고 있다. 여기서 배트맨은 모험에 싫증과 아픔을 느낀다는 점에서 슈퍼맨과는 철학적으로 상반된다.

《워치맨The Watchman》은 "누가 감시자를 감시하는가?"라는 키케로(Cicero)의 말에서 인용한 슈퍼 영웅 이야기이다. 워치맨은 물론 슈퍼 영웅이다. 〈타임〉 지는 워치맨이야말로 장편 만화에서 '최고의 인물'이며 '위대한 상상력의 위업'이라 호평했다.

장편 만화 중 특히 인기 있는 것은 영어로 번역된 일본 장편 만화 만가(Manga)이다. 출판 전문 잡지 〈퍼블리셔스 위클리Publishers Weekly〉는 만가를 "서점에서 가장 인기 있는 책"이며, "소수의 마니아부터 십대와 젊은 층 사이에 큰 인기를 끌면서 주류로 받아들여지고 있다"라고 기술했다.

미국의 만화책 가게는 1970년대 중반 약 100개에 불과했으나 1987년 약 4000개로 증가했다. 1980년대 후반부터 그 수가 감소했지만 여전히 많다. 듀인(Duin)은 미국에 3600개의 만화책 가게가 있다고 보고했다.

윌리엄스와 보예스(Boyes)는 1973~1975년에 영어를 사용하는 캐나다 아이들을 세 그룹으로 나누어 연구를 한 결과 아이들이 만화책을 읽고 있거나 읽었다고 보고했다. 1991년 맥케나(Mckenna), 키어(Kear), 엘스워스(Ellsworth)는 미국 38개 주 95개 학교 아이들을 대상으로 만화책을 읽는 초등학생을 조사했다. 그 결과 만화책을 읽는 비율이 상당했다고 보고했다. 여학생은 50%(6학년)~60%(1학년)가 만화책을 읽었으며 남학생은 69%(1학년)~75%(6학년)가 만화책을 읽었다. 황금기에 비해서는 낮은 비율이지만 상당히 많은 학생들이 만화책을 읽고 있다는 것을 알 수 있다.

워시, 무어맨, 터너는 텍사스 오스틴(Austin)의 6학년 학생들에게 무슨 책을 좋아하는지 조사했다. 연구 결과 읽기 능력, 성별에 상관없이 모든 아이들이 가장 좋아하는 책으로 꼽힌 책은 무서운 책과 만화책이었다.

만화책을 많이 읽으면 언어 발달이 지연되나

웨덤은 《순수의 유혹》에서 만화책은 읽기 학습과 언어 발달을 저해한다고 역설하였고, "만화책을 너무 많이 읽으면 독서에 심각한 어려움이 생길 수 있고, 읽기에 도움이 되지 않는다. 만화책은 읽기 장애를 강화하는 요소"라고 주장하였다.

웨덤의 주장을 뒷받침하는 연구는 없다. 만화책이 언어 발달과 학업 성취에 미치는 영향에 관한 여러 연구를 살펴보면 한결같이 만화책이 해롭지 않다고 말하고 있다. 오히려 만화책이 '진정한' 읽기로 이끌 수 있다는 증거가 많이 있다.

만화책의 리딩 레벨

1941년 R. L. 손다이크(Thorndike)는 만화책에 대해 다시 생각해야 한다고 제안했다. 그는 "초등학교 고학년과 중학교 학생들의 다독과 어휘 확장을 위해서는 만화책이 필요하므로 만화를 도외시해서는 안 된다."라고 말했다.

현재 만화책에는 한 편당 평균 2000개의 단어(광고에 나오는 단어 제외)가 실려 있다. 이 사실은, 하루에 만화책 한 권을 읽으면 중산층 어린이들의 연평균 독서량의 절반에 해당하는 50만 단어를 훨씬 웃도는 독서를 한다는 점에서 의미가 있다.

만화책의 난이도에 관한 몇 가지 연구가 진행된 바 있다. 손다이크는 로지 방식(Lorge formula, 표집 텍스트에서 평균 문장 길이, 전치사구의 양, 어려운 어휘 양으로 텍스트의 난이도를 측정하는 공식-역자 주)으로 측정할 때 유명한 만화 《슈퍼맨》과 《배트맨》이 약 5, 6학년 수준이라고 보고했다. 라이트(Wright)는 프라이 방식(Fry formula, 문장의 수, 음절 수로 가독성을 계산한다-역자 주)을 사용하여 광범위한 만화책을 평가하였다. 슈퍼 영웅 만화책(슈퍼맨, 헐크 등)에 대한 라이트의 난이도 평가 결과는 손다이크의 평가와 일치하고, 그 외의 만화책들은 표 2.6에 나오는 것처럼 이보다 훨씬 쉬운 것으로 나타났다.[3]

만약 가독성 지수가 타당성이 있다면, 손다이크와 라이트의 분석은 만화책의 난이도가 상당히 높다는 것을 보여준다. 이에 비해 1974년도 베스트셀러는 6학년부터 고1 수준의 가독성 지수이며, 평균 가독성 지수는 7.4이다.

▶ 표 2.6 만화책 리딩 레벨(1978)

제목	가독성 등급			
	샘플 1	샘플 2	샘플 3	평균
The Amazing Spiderman #187	7.4	3.0	2.8	4.4
Archie #274	2.0	1.7	1.7	1.8
Batman #299	7.9	4.0	8.5	6.4
Bugs Bunny #201	2.9	1.9	1.7	2.1
Casper the Friendly Ghost #200	1.9	1.7	1.7	1.8
Chip and Dale #55	2.9	1.9	1.8	2.2
Dennis the Menace #158	2.8	3.0	4.7	3.5
The Incredible Hulk #74	5.5	9.2	1.9	5.5
Mighty Mouse #53	1.9	3.3	1.9	2.4
Sad Sack #265	2.4	1.9	1.9	2.1
Spidey Super Stories	2.7	1.8	1.9	2.1
Star Hunters #7	6.0	7.3	3.3	5.5
Star Wars #16	7.5	7.4	3.3	6.1
Superman #329	7.3	8.3	3.5	6.4
Tarzan #18	7.6	4.4	4.5	5.5
Tom and Jerry #311	1.9	2.0	1.8	1.9
Wonder Woman #245	5.5	5.5	3.5	4.8
Woody Woodpecker #172	2.4	2.4	3.0	3.1
Yogi Bear #7	3.2	3.5	2.4	3.0

출처: G. Wright, "The Comic book: A Forgotten Medium in the classroom," Reading Teacher 33 (1979). 국제 읽기 교육 협회(International Reading Association)의 승인 하에 표 사용함

다음의 예는 만화책에 나오는 대화가 얼마나 수준이 높은지를 보여준다. 다음은 《판타스틱 4》에서 과학자 리드 리차드(또는 미스터 판타스틱으로 불림)가 그의 아내 수 리차드에게 악당 사이코맨(Psycho-Man)이 어떻

게 작전을 벌이는지 설명하는 장면이다.

여보, 사이코맨은 자기 마음대로 사용할 수 있는 엄청난 기술을 가졌지만, 원래부터 한 가지 목적만을 위해 사용해왔어요. 바로 감정을 조종하는 것이지. 그가 하는 일이란 희생자로 선택한 사람들의 감정을 자극하여 혼돈과 갈등을 유발하는 게 전부야.

플레쉬 킹케이드(Flesch-Kincaid) 방식의 분류에 따르면 이 지문의 읽기 수준은 12.0 또는 고3이다.
《시크릿 워즈Secret Wars》 1권에서 몇몇 슈퍼 영웅들이 어떻게 자신도 모르게 다른 행성으로 이동하게 되었는지 추측하는 부분이 있다.

캡틴 마블: 우리가 어떻게 이곳에 오게 된 거지? 우리가 잠깐 동안 센트럴파크에서 이 거대한 물체를 조사하고 있던 중에 어느새 '푸~프' 하고 외계로 나온 것 같은데 말이야.
미스터 판타스틱: 내가 말해줄 수 있는 건, 이 장치가 원자 구성 입자의 분열을 일으켜 우리를 프로토 물질로 축소시키고 저장하여 순간 이동시킨 후, 자기 생성적으로 생명을 유지하는 환경 속에 살 수 있도록 우리를 재조립한 거야.
인크레더블 헐크: 맞아, 리차드!

미스터 판타스틱의 설명은 플레쉬 킹케이드 방식에 준하면 고3 읽기 수준이다. 프라이 방식과 같은 가독성 등급은 텍스트를 무작위로 추출해 평가하고 있다는 점을 감안해야 한다. 하지만 위의 발췌문은

2장 책 읽는 아이로 키우는 특별한 방법 • 117

무작위로 고른 것이 아니라 내가 어려운 문장이라고 생각해 선정하였다. 이런 지문이 일반적인 만화책 언어는 아니지만 만화책 독자들은 때때로 이런 문장을 접할 수 있다.

데보라 글레이서(Deborah Glasser)는 상급생을 위한 아주 재미있고 어휘 수준이 낮은 책을 찾는 교사들이 있으면 《아치Archie》를 추천하면 좋다고 말했다. 이 작품은 고등학교 학생들에 관한 이야기지만, 라이트의 자료에 의하면 글은 초등학교 2학년 수준으로 되어 있다. 게다가 60년이 지난 후에도 아치와 그의 친구들은 고등학교에 있을 것이다. 이것은 중고 《아치》 만화책이 주변에 많이 있다는 것을 의미하므로 학생들과 교사들에게 반가운 소식이다.

노튼은 《아치》를 열심히 읽고 있는 10대 초반 청소년 30명의 만화책 독서 습관을 연구했다. 그리고 《아치》의 가치를 확인시켜 주었다. 아이들은 대부분 《아치》를 무척 좋아했고, 등장인물들이 "재미있고 매력적이며 유머러스하다"라고 말했다. 또한 모임을 만들어 '정기적으로' 다른 아이들과 아치에 대해 토론하고 의견을 공유하였다. 이것이야말로 진정한 리터러시 모임이라고 할 수 있다. 반면 교사와 어른들의 생각은 달랐다. 노튼은 "아치를 좋아하던 아이들이 어른이 되면 왜 그렇게 좋아하던 만화를 '쓰레기' 취급하게 되는 걸까?"라는 흥미로운 질문을 던졌다.

만화책을 많이 읽으면 다른 책을 못 읽는다?

읽기 교재로 만화책을 선택해 연구한 논문이 있다. 스퍼즐(Sperzl)은 5학년을 대상으로 15주간 연구를 했다. 한 그룹은 만화책을 읽게 하고 다른 한 그룹은 다른 읽기 자료를 읽게 했다. 그 결과 두 그룹 간에 어휘력과 독해력 테스트에서 아무 차이가 없음을 발견하였다. 두 그룹 모두 실력이 향상되었다. 스퍼즐의 연구에서 가장 흥미로운 발견은 아이들이 얼마만큼 만화책을 즐겼는가 하는 점이다. 스퍼즐은 "아이들은 읽기 시간을 간절히 기대하고 있었고 … 다음 내용이 궁금해서 참기 힘들어할 정도였다."라고 보고했다.

아린(Arlin)과 로스(Roth)는 3학년 학생들을 '교육적인'(예: 고전) 만화책을 읽는 그룹과 '아주 재미있는' 책을 읽는 두 그룹으로 나누어 비교하였다. 두 그룹 모두 독해력이 향상되었다. 읽기가 서툰 학생들 중에 책 읽기를 한 학생들은 독해력이 더 많이 향상되었다. 하지만 만화책을 읽은 학생들은 10주 동안 0.26년에 해당하는 성장을 보여주었다.

우리는 두 연구에서 만화책 읽기가 적어도 다른 책을 읽는 것만큼 도움이 된다고 해석할 수 있다. 하지만 두 연구 모두 짧은 기간 동안 이루어졌고(1장 자율 독서에 관한 연구 보고를 상기해보면, 학기 중 자율 독서는 기간이 길면 길수록 효과가 크다), 아린과 로스의 연구에서 만화책 그룹이 읽은 책은 고전 만화책(classic comics)이었다.[4]

저학년 때부터 오래 동안 만화책을 계속 읽은 독자들의 읽기, 언어 발달, 전반적인 학업 성취도는 만화책을 읽지 않는 아이들과 동등하다는 것을 확인해주는 연구가 많이 있다.

심지어 만화책 외에는 아무것도 읽지 않는 아이들도 독해력에서 평균 이하의 점수를 받지는 않는다.

만화책만 읽어도 어느 정도 언어 기능과 리터러시 능력을 발달시킬 수 있으나, 고급 단계로 이끌지는 못할 것이다. 하지만 만화책만 읽는 아이는 드물다는 증거가 있다. 일반적으로 장기간 만화책을 읽은 독자들은 만화책을 읽지 않는 독자들이 하는 만큼의 독서를 하는 것으로 밝혀졌다. 몇몇 연구 결과는 만화책을 많이 읽는 아이들이 오히려 독서를 더 많이 한다고 말하고 있다.

표 2.7은 이러한 연구 결과 중 하나이다. 우지이에(Ujiie)와 크라센은 중1 남학생들에게 만화책 읽기와 전반적인 읽기, 독서, 읽기 태도에 관해 질문을 했다. 만화책을 많이 읽는다고 대답한 아이들은 일반적으로 재미로 책을 읽는 시간이 많다고 응답했다. 이 결과는 중산층 가정의 아이들과 저소득층 가정 아이들 모두 유사하게 나왔다.

▶ 표 2.7 얼마나 자주 재미로 책을 읽습니까?

저소득층 아동	매일	주 1회	1달에 1번/읽지 않음
만화책 애독자	54% (19)	34% (12)	11% (4)
가끔씩 읽는 독자	40% (32)	28% (23)	32% (26)
만화책을 읽지 않는 독자	16% (4)	20% (5)	64% (16)
중산층			
만화책 애독자	65% (17)	27% (7)	8% (2)
가끔씩 읽는 독자	35% (31)	35% (31)	30% (27)
만화책을 읽지 않는 독자	33% (8)	17% (4)	50% (12)

출처: 우지이에, 크라센(1996a)

독서와 읽기 태도 면에서도 만화책을 많이 읽을수록 즐거움을 위한 독서를 많이 한다는 유사한 결과가 나왔다. 특히 흥미로운 점은 책에 대한 접근성이 확실히 높은 중산층 아이들이 일반적으로 독서를 더 많이 하는 경향이 있지만, 저소득층 만화책 애독자들이 만화책을 읽지 않는 중산층 아이들보다 독서를 더 많이 한다는 것이다.

게다가 가벼운 읽기가 어려운 읽기로 가는 교량 역할을 할 수 있다는 증거가 있다. 가벼운 읽기는 독자가 어려운 글을 읽을 수 있도록 언어 기능을 발달시킬 뿐만 아니라 책 읽기에 대한 흥미를 높여준다.

책 읽기를 싫어하는 아이와 만화책

해이스(Hayes)와 아렌스(Ahrens)의 연구는, 만화가 어려운 텍스트를 이해할 수 있는 수준으로 발전하도록 돕는 역할을 한다고 제안한다.

그들의 연구 결과에 의하면, 대화나 TV를 통해서는 고급 어휘를 많이 습득할 수 없다. 해이스와 아렌스는 일반적인 대화에서 흔하지 않은 단어가 나타나는 빈도수는 '아주 가벼운 읽기'보다 훨씬 낮다는 것을 발견하였다. 어른과 아이의 대화든 어른과 어른의 대화든 마찬가지다. 대화나 TV에서 사용되는 단어의 95퍼센트는 우리가 가장 자주 사용하는 5000개 단어 내에 있다. 그러나 인쇄물에는 흔하지 않은 단어가 훨씬 많이 포함되어 있다. 해이스와 아렌스는 기본 단어를 넘어선 어휘가 발달하려면 '읽고 쓰는 능력인 리터러시와 주제를 넘나드는 다방면의 많은 독서'가 필요하다는 결론에 이르렀다. 표 2.8은 두 연구자의 연구 데이터이다.

만화책이 대화와 학술지 논문 사이에서 대화에 조금 더 가까운 자리를 차지하고 있다는 것을 주목하라. 이는 만화책이 좀 더 어려운 읽기로 가는 다리 역할을 할 수 있다는 것을 말해 준다.

가벼운 읽기로 아이들은 읽기를 배우고 읽기에 취미를 가질 수 있다. 이러한 견해를 뒷받침하는 사례가 있다.

호가드는 만화책에 관한 자신의 경험을 이렇게 쓰고 있다.

▶ 표 2.8 구두 언어와 쓰기 언어에서 흔한 단어와 흔하지 않은 단어

	흔하게 쓰는 단어	흔하지 않은 단어
어른이 아이에게 하는 말	95.6	9.9
성인이 성인에게 하는 말(대학생)	93.9	17.3
최고 시청률 시간대 TV: 성인 대상	94.0	22.7
아동 도서	92.3	30.9
만화책	88.6	53.5
책	88.4	52.7
인기 있는(대중) 잡지	85.0	65.7
신문	84.3	68.3
학술지 논문 초록	70.3	128.2

흔하게 쓰는 단어=가장 빈도가 높은 5000개 단어를 기준으로 한 텍스트 비율
흔하지 않은 단어= 1000개의 표본 샘플당 흔하지 않은(가장 일반적인 단어 1만 개에 포함되지 않는) 단어의 숫자
출처: 해이스, 아렌스(1988)

아들 셋을 둔 엄마다. 이상하게 우리 아이들은 전부 다 읽기에 흥미를 가지지 못했다. 어떻게든 책과 가까워지게 하려고 어르고 달래기도 하고 위협도 했다. 하지만 아무 소용이 없었다. 그런데 구세주는 다른 데 있었다. 바로 만화책! 고맙게도 만화책이 양질의 책으로 넘어가는 다리 역할을 해주었다. 첫째 아이가 원해서 읽은 첫 번째 책은 만화책이었다.

호가드는 처음에는 아들에게 만화책을 사주기가 마음이 내키지 않았다고 한다. 하지만 아래와 같은 이유로 만화책을 사주었다.

좋다는 책을 아무리 들이밀어도 아이는 책에 관심을 보이지 않았다. 그런 상황에서 만화책이라도 아이가 원하면 읽도록 했다. 아이

가 만화책에서 배운 단어는 다른 책을 읽는 데 도움이 되었다. 차츰 아이의 읽기 수준이 높아졌다. 정말 놀라웠다.

　아이는 정말 엄청난 양의 책을 집어삼킬 듯 읽어댔다. 만화책이 제공한 동기는 대단했다. 약간 무섭기까지 했다. 아들은 열정적이고 굶주린 눈으로 새로운 책을 잡아채어 들고는 어디서든 탐독하기 시작했다. 집으로 오는 차 안에서, 마당에서, 길을 걸으며, 저녁식사 자리에서 아이는 읽고 또 읽었다. 모든 감각이 닫히고 순전히 책만 눈에 보이는 모양이었다.

만화책은 다른 읽기로 이끌어준다. 1~2년이 지난 후 그녀의 첫째 아들은 그토록 열심히 읽던 만화책을 동생에게 줘버렸다. 현재는 동생이 만화책을 열심히 읽고 있다. 호가드는 이렇게 쓰고 있다. "큰아이는 현재 전자에 관한 책과 과학 백과사전 읽기를 무척 좋아한다."

　호가드의 경험은 여러 연구 결과와 일치한다. 그의 아들이 만화책에 몰두한 것은 스퍼즐이 연구한 학생들이 보인 반응과 동일하다. 그의 아들은 만화책을 재미있게 읽으면서 다른 읽기로 관심을 확장해 나갔다. 이 사례는 앞서 언급한 연구가 보여준 바와 같이 만화책을 읽는다고 다른 종류의 책을 읽지 못하지는 않는다는 것을 말해준다. (이러한 연구 결과를 보면 그녀의 첫째 아들이 다른 책을 즐기기 위해 만화책을 포기할 필요는 없다고 말할 수 있다. 지금처럼 장편 만화가 있었다면 그 아이는 만화책 읽기를 그만두지 않아도 되었을 것이다).

만화책과 영어 공부

　마크 마사반(Mark Mathabane)은 남아프리카에서 보낸 젊은 날에 대해 이야기하면서 만화책이 영어 습득과 독서 열정에 중요한 기여를 했다고 언급했다. 마사반은 할머니와 함께 빈민가에서 살았다. 할머니가 영어를 사용하는 어느 가정에서 도우미로 일을 시작하기 전까지 마사반은 영어에 노출될 기회가 매우 적었다.

할머니가 스미스 씨 집에서 일하기 시작한 지 얼마 되지 않아 할머니는 만화책 꾸러미를 집에 들고 오기 시작했다. 《배트맨과 로빈》, 《타잔》, 《셜록 홈즈》, 《슈퍼맨》, 《인크레더블 헐크》, 《천둥의 신 Thor-God of Thunder》, 《판타스틱 4》, 《스파이더맨》… 여기서 일일이 다 나열할 수 없을 정도로 많은 만화책을 보기 시작했다.

마사반의 반응은 호가드 아들의 반응과 비슷했다.

나는 그때까지 한 번도 만화책을 가져본 적이 없었다. 책을 보자마자 내가 이해할 수 있는 부분을 지치지도 않고 읽고 또 읽었다. 만화책은 마치 마취제와 같아서 나를 둘러싼 힘든 삶을 잊을 수 있게 해주었다. 곧 만화책은 내 삶의 기쁨이 되었고 어디를 가든 한 권씩 가지고 다녔다. 강가에서도, 축구장에서도, 공중화장실에서도, 잠자리에서도, 가게에서도, 교실에서 선생님이 칠판에 판서하느라 바쁘실 때도 살그머니 꺼내 읽었다.

마사반은 만화책이 영어책 읽기를 시작할 수 있게 만들어주었고, 나아가 영어책을 감상할 수 있게 해주었다고 믿는다.

고등학교 2학년 중반, 할머니는 이상해 보이는 책과 장난감을 집으로 가지고 오기 시작했다. 할머니 말로는 스미스 씨 아들이 다니는 학교에서 쓰는 책이었다. 그런데 우리 학교에서 쓰는 책과 달리 따분하지 않았다. 책 제목은 내용만큼이나 생소했다.《피노키오》,《이솝 우화》,《그림 형제의 동화》같은 책이었다. 당시 나는 만화책을 많이 읽었기 때문에 간단한 영어 문장을 읽을 수 있을 정도로 영어 실력이 향상되었다. 나는 그 책들이 아주 재미있었다.

만화책은 또한 남아프리카의 데스몬드 투투 주교에게도 도움이 되었다.

우리 아버지는 초등학교 교장선생님이었다. 다른 아버지들처럼 우리 아버지도 매우 가부장적이었고 자식들이 학교에서 공부를 잘하는지 신경을 많이 쓰셨다. 내가 한 가지 정말 감사하게 생각하는 것은 다른 교장선생님과 달리 아버지는 만화책을 읽도록 허용하셨다는 점이다. 그 덕분에 내가 영어와 독서를 좋아하게 되었다고 생각한다.

《하루 15분 책 읽어주기의 힘》을 쓴 트렐리즈는 만화책과 청소년 비행의 연관성을 걱정하는 사람이라면 투투 주교의 경험을 고려해 보아야 한다고 지적한다.

토머스 인지(Tomas Inge) 인류학 교수는 만화책이 독서 이력에서 교량 역할을 했다고 말한다. "우리 세대가 어릴 때는 만화책이 책과 가까워지도록 직접적으로 이끌었다." 인지 교수는 만화책 읽기를 그만두지 않고 계속 읽은 것으로 보인다. 만화책에 대해 쓴 그의 에세이는 유익하고 학문적이다.

"나는 초등학교 2학년 때 읽기 점수가 좋지 않았다. 아버지는 만화책 읽기를 권하셨고, 곧바로 영어 실력이 향상되었다." 짐 트렐리즈는 어렸을 때 동네에서 가장 많은 만화책을 가지고 있었다고 말한다. 그는 연구와 개인적인 경험을 바탕으로 다음과 같은 결론을 내린다. "만약 읽기에 어려움을 겪는 아이가 있으면 만화책을 권해주어라. 흥미 있어 한다면 좀 더 많은 만화책을 제공하라."

도렐(Dorrell)과 캐롤(Carroll)은 만화책이 독서를 어떻게 자극하는지를 보여주고 있다. 이 연구자들은 만화책을 중학교 도서관에 비치해 놓고 대출을 허락하지 않았다. 학생들은 도서관에 와서 만화책을 읽어야만 했다. 그리고 만화책이 도서관에 있었던 기간(74일)과 도서관에 만화책이 없었던 기간(54일)에 일반 책 대출과 도서관 이용률이 어떠했는지를 비교했다. 만화책이 도서관에 있을 때 도서관 이용률이 82퍼센트로 극적으로 증가했고, 일반 책 대출도 30퍼센트 증가했다(표 2.9).

▶ **표 2.9** 중학교 도서관에 만화책을 비치한 효과

	만화책이 들어오기 전	만화책이 들어온 후
도서관을 이용한 학생 수(일 평균)	272.61	496.38
대출(일 평균)	77.49	100.99

만화책이 들어오기 전 = 54일, 만화책이 들어온 후 = 74일
도서관을 이용한 학생의 수에는 교사의 지시를 받고 도서관에 온 학생은 포함하지 않았다.
출처: L. Dorrell과 E. Carroll, "Spider-Man at the Library," School Library Journal 27 (1981).

도렐과 캐롤은 또한 도서관에 만화책을 비치한 데 대해 학부모들이 부정적인 견해를 제시하지 않았으며, 교사와 사서들은 만화책을 도서관에 비치하자는 의견에 동의했다고 한다.

교육계에 종사하고 있는 후안 네코체아(Juan Necochea)는 만화책이 어떻게 자신의 리터러시 발전에 기여했는지를 설명했다. 네코체아는 8살에 미국 초등학교에 입학했는데, 영어를 잘 구사하지 못하는 상태였다. 그런데 "2학년 말을 앞두고 갑작스럽게 학업 성적이 두드러지게 향상되었다. 나는 하룻밤 사이에 영어를 읽지 못하는 독자에서 유창한 독자로 바뀐 듯했다. 선생님들은 나를 대기만성형으로 보았을 것이다."

네코체아는 이전에 익힌 스페인어 독해 능력 덕분에 영어를 빨리 배울 수 있었으며, 스페인어 독해 능력을 기르는 데는 두 가지 요인이 있었다고 본다. 첫 번째는 옛이야기를 풍부하게 들을 수 있었던 집안 환경, 두 번째는 만화책이다. 네코체아는 열렬한 만화책 독자였다. 처음에는 형에게 돈을 줘가며 만화책을 읽어달라고 부탁했지만 결국 스스로 읽게 되었다. "만화책과 우리 형은 내가 처음 만난 읽기 선생님이었다." 네코체아는 6살 무렵 스페인어를 매우 잘 읽을 수 있었다고 한다.

이 경우는 만화책의 힘을 여실히 보여준다. 뿐만 아니라 제2 언어를 습득하는 촉진제로 모국어 능력이 강력한 힘을 발휘한다는 것을 확인해 준다. 이 내용은 3장에서 자세히 다룰 것이다.

만화책의 힘

- 만화책에 나오는 글은 언어 측면에서 적합하며, 그림은 내용을 이해하는 데 도움을 준다.[5]

- 연구에 의하면 만화책은 언어 발달과 학교 성적에 부정적인 영향을 끼치지 않는다.

- 만화책의 독자는 적어도 만화책을 읽지 않는 사람만큼 책을 읽는다. 최근의 연구에 의하면 만화책 독자는 더 많은 책을 읽고, 독서에 대해 긍정적인 태도를 취한다고 한다.

- 만화책이 독서에 있어 교량 역할을 한다는 명백한 증거가 여러 연구에서 나타났다.

하이틴 로맨스와
잡지를 활용하라

　독서를 장려하는 가벼운 읽기물로 만화책 외에 하이틴 로맨스가 있다. 패리시(Parrish)는 하이틴 로맨스의 특징에 대해 다음과 같이 설명한다.

　대부분의 하이틴 로맨스는 공식에 맞춰 쓰인다. 주인공은 15~16세쯤 되는 소녀이며, 이야기는 소녀의 관점에서 서술된다. 17~18세쯤 된 남학생이 몇 명 필요하다. 배경은 주로 작은 마을에서 동시대로 설정된다. 첫사랑은 가장 인기 있는 줄거리이다.

　사랑에 빠지는 즐거움, 사랑이 불러일으킨 근심, 고통과 성장, 필연적인 해피엔딩이 하이틴 로맨스의 기준이다. 로맨스에 성적인 묘사, 욕설, 저속한 행위는 제외된다. 갈등은 주로 여주인공의 감정인 불안감, 불확실성, 인기 없음, 열등감, 즐거움과 아픔, 독립에 대한 열망에 관한 것이다. 스토리가 대화를 통해 전개되지만 인물의 성격은 로맨틱한 관계와 문제를 통해 드러난다.

하이틴 로맨스는 1980년대 많은 중고등학교 여학생들이 읽었다. 패리시와 앳우드(Atwood)는 피닉스 지역 중고등학교 여학생 250명을 대상으로 조사를 했다. 한 학년 동안 중학교 2학년 학생의 50%가 1~5권의 하이틴 로맨스를, 중3의 100%가 적어도 5권을 읽었다고 말했다. 또한 "놀랍게도 고3의 12%는 한 해 동안 30권 이상을 읽었다."

하이틴 로맨스에 대한 연구는 많지 않지만, 그 연구 결과는 만화책에 관한 연구 결과와 꽤 비슷하다.

하이틴 로맨스는 언어 발달 면에서 볼 때 4학년부터 중1까지 읽기 수준으로 볼 수 있다. 《Sweet Valley Twins》는 4학년 수준, 《Sweet Dream Romances》는 10~15세 여자아이를 위해 쓴 것으로 5학년 수준, 《Sweet Valley High》 시리즈는 12세 이상을 대상으로 한 작품으로 6학년 수준이다. 《Caitlin》은 사랑에 관한 3부작으로 프랜신 파스칼(Francine Pascal) 작품이며, 5학년~중1 수준이다. 일반적으로 베스트셀러가 중1 수준이라는 점을 상기하라.

하이틴 로맨스를 읽는다고 다른 종류의 책을 읽지 못하는 것은 아니다. 패리시와 앳우드는 "연애 소설을 읽는 학생들은 다른 종류의 문학 서적도 많이 읽는다."라는 사실을 발견했다.

하이틴 로맨스는 학생들을 도서관으로 인도하는 것으로 나타났다. 패리시와 앳우드에 의하면, 1980년대 중학교 2~3학년 학생들은 연애 소설을 친구에게 빌리거나 서점이나 학교도서관에서 구했다. 고1 학생들은 서점이나 학교도서관을 선호했다. 고3 학생들은 많이 달랐는데, 50% 이상은 친구나 공공도서관에서 책을 구했으며, 37%는 서점과 학교도서관을 이용했다. 이처럼 학교도서관은 로맨스 도서를 공급하는 데 여전히 중요한 역할을 한다.

하이틴 로맨스를 읽는 것이 독서를 장려한다는 증거가 있다. 다음은 패리시가 인용한 내용으로, 14세 여자아이가 쓴 글이다. "나는 독서를 싫어했다. 어느 날 어머니가 실루엣북(Silhouette Book)을 집에 갖고 오셨는데, 책장을 덮을 수가 없었다."

만화책에 대한 우려가 있듯, 하이틴 로맨스에 대해서도 부정적인 시선이 있다. 하이틴 로맨스가 미치는 영향에 대한 연구 조사는 없었지만, 걱정하는 교사들과 학부모들은 서턴(Sutton)의 사려 깊은 논평에 관심을 기울여 보자. 서턴은 하이틴 로맨스를 조심스럽게 인정하면서 하이틴 로맨스의 장점에 대해 말한다.

> 성격 묘사는 아주 적고, 문체는 결코 우아하지 않으며 낭만적인 부분조차 연속극 드라마가 주는 긴장감에 비해 볼품없다. 기본 구성은 감상적이고 진부한 흐름이지만, 앞으로 어떻게 이야기가 전개될지 몹시 궁금해진다. 제시카가 다음번에 어떻게 나올까?

최근 일련의 연구는 하이틴 로맨스가 또 다른 부분에서 중요한 역할을 할 것이라고 제안한다. 제2 언어로 영어를 배우는 학습자들이 쉽고 재미있게 읽을 수 있는 이상적인 읽기 자료가 될 수 있다는 것이다.

조경숙 교수는 한국에서 수년간 문법 위주의 정규 영어 수업을 받고, 미국에서 상당 기간 살았는데도 영어에 거의 진전이 없는 30대 여성을 대상으로 연구했다. 조 교수는 실험대상자들에게 우선 12세 이상 여자아이를 위한 로맨스 소설 《Sweet Valley High》 시리즈를 읽게 했다. 그러나 이 책은 너무 어려운 것으로 드러났다. 사전을 계속 찾아가며 엄청난 노력을 기울여야 겨우 읽을 수 있었다. 그래서 조 교수는 8~12세를 위한 소설 《Sweet Valley Twins》를 읽게 했다. 그 소설조차 너무 어려웠다. 그다음으로 조 교수는 좀 더 낮은 연령대인 5~8세를 위한 소설 《Sweet Valley Kids》를 추천했다. 성인 연구대상자들은 《Sweet Valley Kids》의 열광적인 독자가 되었다.

조 교수는 독자들의 어휘력이 상당히 성장했다고 보고했다. 그리고 독자들의 영어 실력이 매우 높아졌다는 비공식적인 증거를 수집했다.

조 교수에 따르면 《Sweet Valley》 책을 읽기 시작한 지 1년이 지난 후, 한 연구대상자에게 놀라운 변화가 일어났다. 이 연구대상자는 그전에는 한 번도 즐겁게 영어책을 읽어본 적이 없었다. 그런데 《Sweet Valley Kids》 시리즈 34권을 다 읽었고, 《Sweet Valley Twins》와 《Sweet Valley High》 시리즈도 대부분 읽었다. 그리고 다니엘 스틸(Danielle Steele), 시드니 셸던(Sydney Sheldon)을 비롯해 여러 작가의 소설을 영어로 읽기 시작했다.

루커(Rucker)는 잡지가 읽기 능력을 향상시킨다는 것을 명확하게 보여준다.

루커는 중학생들에게 흥미도 조사를 위해 설문지를 나누어 주었다. 몇 달 뒤 무작위로 추출한 표본 학생들에게 각자의 흥미와 관련이 있는 잡지를 무료로 구독할 수 있게 해주었다. 한 그룹은 1년, 다른 그룹은 1년 반 동안 무료로 잡지를 구독할 수 있었다. 학생과 학부모들에게는 연구가 진행된다는 것을 알리지 않았고, 교사들조차 잡지 구독에 대해 몰랐다.

  루커는 잡지를 받아 본 학생들이 읽기 시험(철자나 쓰기 같은 '언어' 시험이 아님)에서 더 나은 성적을 받았다고 보고했다. 이 결과를 통해 잡지 그 자체가 읽기물로서 중요한 역할을 했으며 독서를 자극했다는 것을 알 수 있다. 루커가 지적한 바와 같이 잡지는 대중 매체 중에서 "독자의 특별한 흥미와 관심을 가장 많이 담고 있는 매체이고, 독서를 고무하는 가치 있는 매체이다."

가벼운 읽기로 충분한가

 무엇을 읽느냐는 사실 중요한 문제다. 가벼운 글을 읽는 것이 여러 가지 이점이 있지만, 가벼운 글만 읽어서는 고급 수준까지 발전할 수 없다. 이 주제를 다루고 있는 연구는 얼마 되지 않는다. 따라서 우리는 독서 성향이 읽기 능력의 원인인지 결과인지(혹은 둘 다인지) 아직은 확신할 수 없다. 그러나 연구에 따르면 독해력과 어휘력 신장은 어떤 글을 읽는가와 관련이 있다고 한다.
 라이스(Rice)는 어휘력이 뛰어난 성인들이 전문지, 역사, 문학 잡지, 과학 잡지와 같은 '수준 높은 자료를 읽는 경향이 있다'고 보고했다.
 해프너(Hafner), 팔머(Palmer), 툴로스(Tullos)는 중학교 3학년을 대상으로 연구한 결과 읽기 수준이 낮은 독자들(하위 절반)은 실용서, 과학책, 취미 도서, 미술, 음악, 역사에 관한 책을 선호하는 경향이 있는 반면,

수준 높은 독자들(독해 시험에서 상위 절반)은 '복잡한 소설(역사 소설, 과학 소설, 미스터리, 모험, 자기계발, 자기통찰)'을 선호한다는 것을 발견했다. 사우스게이트(Southgate), 아놀드(Arnold), 존슨(Johnson)은 중학생들 중에서 읽기 능력이 뛰어난 학생들은 모험에 관한 책을 선호했고, 읽기 능력이 낮은 학생들은 '만화책'을 많이 읽는다는 것을 발견했다.

손다이크는 15개국에서 이루어진 광범위한 연구에서, 14세 어린이들의 독해력과 가장 관계있는 유형은 1)유머, 2)역사와 전기, 3)과학소설, 신화, 전설, 4)모험과 시사라고 보고했다. 손다이크는 중고등학교가 끝날 즈음에는 패턴이 다소 바뀐다고 보고했다. 스포츠, 사랑 이야기, 학교 이야기는 부정적인 상관관계를 가지는 데 비해 역사와 전기, 기술과학과 종교는 긍정적 상관관계가 높다고 한다.

연구 결과를 보면 일치하는 점이 있다. 과학 소설과 모험에 관한 책은 독해 능력이 뛰어난 독자가 일관되게 선호하는 것 같다. 하지만 모순되는 점도 있다. 손다이크에 의하면, 독해 능력이 뛰어난 독자는 역사책과 종교 관련 책을 선호했다. 반면 하프너와 팔머, 툴로스의 연구에서는, 독해력과 어휘력이 부족한 독자들이 이러한 책을 선호했다. (독서력과 장르의 상관관계를 다루는 연구에서 확연히 드러난 문제점은 한 가지 종류의 책에서도 경우의 수가 매우 많아 결과가 다르게 나타난다는 점이다. 이 분야에 관한 연구는 최근에야 시작되었다.)

앞서 언급한 바와 같이, 그리니는 일반 서적보다 만화책을 훨씬 많이 읽는 5학년 아이들을 분류해 연구했다. 이 아이들은 독해력이 평균 이하로 크게 떨어지지는 않았지만, '일반 서적을 주로 읽는 독자들'로 분류된 아이들만큼 능숙하지 않았다.

이러한 연구 결과가 있다고 해서 가벼운 책 읽기를 피하라는 말은 아니다. 앞서 말했듯이 가벼운 책 읽기는 더 깊이 있는 책 읽기로 가는 교량 역할을 한다. 더 많은 책을 읽도록 동기를 부여하고 더 어려운 책을 읽을 수 있는 언어 능력을 키워준다는 것이다.

  이 결론을 뒷받침해주는 연구 결과는 충분히 나와 있다. 폭넓은 자율 독서를 하는 아이가 결국에는 전문가들이 말하는 좋은 책을 선택한다. 그리고 책을 많이 읽게 되면 서서히 독자의 관심 분야도 넓어진다. 또한 이들은 자신의 '공식적인' 리딩 레벨보다 더 어려운 책을 선택하는 경우도 많다.

독서 교육에서 **보상**과 **시험**은 **효과**가 있는가

이번에 소개되는 연구는 독서의 내적인 보상이 대단한 효과를 발휘하며 더 많은 독서를 촉진한다는 것을 보여준다. 이 연구 결과는 독서에 있어서 외적인 보상, 즉 스티커, 현금 보상, 독서클럽 회원증 등이 필요하지 않다고 말한다. 사실 스미스는 외적인 보상은 역효과를 낳는다고 주장한다.

아이들에게 글을 읽고 쓰는 것에 대한 보상으로 특별한 대우를 해주거나 칭찬을 하거나 높은 점수를 준다면, 아이들은 글을 읽고 쓰는 것에서 얻는 가치가 그러한 보상이라고 배울 것이다. 아동들은 강요에 의해서(친절하더라도) 성취하는 것은 별로 가치가 없다고 인식한다.

맥로이드(McLoyd)는 2학년과 3학년 아이들에게 '아주 재미있는 책'을 세 가지 조건을 제시하면서 읽게 했다. 첫 번째 그룹은 큰 보상, 두 번째 그룹은 작은 보상, 세 번째 그룹은 아무런 보상이 없는 조건이었다. 보상이 큰 그룹에서는 6가지 중에 아이들이 가장 선호하는 것을 주기로 약속하였다. 보상이 작은 그룹에서는 아이들의 선호도가 낮은 것을 주기로 약속하였다.

보상을 받는 아이들에게는 어느 페이지까지 읽으면 보상을 준다고 하였다. 보상을 받지 않는 아이들에게는 보상에 대해 언급하지 않았고, 단순히 표시된 부분까지 책을 읽고 책에 대한 생각을 말하라고 하였다. 책 읽기는 10분간 지속되었다.

보상을 받은 두 그룹 간에는 큰 차이가 나지 않았다. 그러나 보상을 받은 두 집단과 보상을 받지 않은 집단 간에는 차이가 많았다. 보상을 받은 그룹은 보상을 받기 위해 읽어야 하는 부분까지는 확실히 읽었다. 그 이상을 읽는 경우는 극히 드물었다. 보상을 받지 않은 아이들은 표시된 페이지를 훨씬 넘어서까지 읽었다. 보상을 받은 집단보다 두 배 이상을 읽은 것으로 나타났다.

아이들은 보상이 없어도 기꺼이 책을 읽는다(《해리포터》의 성공이 그 증거임). 아이들에게 무엇 때문에 독서를 하는지를 물었다. 아이들은 보상에 대해서는 생각조차 하지 않고 있었다.

워시는 중학교 학생 419명과 교사 35명에게 책을 읽는 동기가 무엇인지에 대해서 물어보았다.

학생들에게는 "학생들이 책을 읽도록 하기 위해 국어 선생님이 무엇을 해야 할까?"라는 질문을 하였다. 학생들에게 세 가지 제안을 쓰게 하였고, 총 509가지 제안이 나왔다. 교사들에게는 "학생들에게 독서 동기를 부여하는 가장 효과적인 방법은 무엇인가?"라고 질문하고 다양한 제안을 부탁했다. 두 집단 모두 흥미로운 책을 제공하는 방법을 추천하였다(학생=제안의 45%, 교사=제안의 35%). 또 학생들에게 책을 선택할 수 있는 권한을 줄 것과 소리 내어 읽어주기를 추천하였다. 학생 9명은 읽을 시간을 더 늘려달라고 제안하였지만, 교사들은 이에 대해 언급하지 않았다.

여기서 재미있는 것은 보상책에 관한 내용이다. "교사들과 학생들은 보상책에 관해서 확연히 다른 제안을 하였다. 29%의 교사들이 독서에 대한 보상과 강요에 중점을 둔 제안을 한 반면, 단 9%의 아이들이 보상을 제안했는데, 대부분이 장난스러운 대답이었다."

워시는 "대부분의 교사는 독서의 내적 동기가 중요하다고 말하면서도 절반 이상이 독서를 장려하기 위해 외적인 보상을 한다고 말했다."라고 지적하였다.

이와 비슷한 연구가 있다. 이베이(Ivey)와 브로더스(Broaddus)는 6학년 학생 1,765명을 대상으로 독서를 촉진하는 요인에 대해 물어본 결과 7%만이 외적인 보상을 언급하였다.

빈츠(Bintz) 역시 많은 교사가 보상이 효과적이라고 믿는다는 것을 알아냈다. 그는 교사들에게 아이들이 독서에 흥미를 갖게 하기 위해서 무엇을 해야 하는지를 질문하였다.

교사들은 많은 아이들이 독서에 흥미가 없으며, 아이들에게 독서를 강요해야 하고, 교사가 책임을 져야 한다고 생각했다. 교사들이 책 읽기를 싫어한다고 여기는 많은 아이들이 학교 밖에서는 스스로 책을 읽는 열성적인 독자들이라는 것을 모르고 있다고 빈츠는 말하였다.

빈츠에 의하면, 아이들은 독서를 싫어하는 것이 아니라 학교에서 과제로 내준 독서를 싫어한다.

책을 읽고 나서 테스트를 해야 하나

독서 증진 프로그램(reading management program)의 효과에 대해 밝히려는 연구가 이어지고 있다. 독서 증진 프로그램이란 아이들이 읽은 내용을 테스트하고, 점수가 높으면 상을 주는 방식으로 운영된다. 맥퀼란은 독서 증진 프로그램의 효과에 관한 연구를 살펴보고 나서, 그런 프로그램이 독서 태도나 성취를 향상시킨다는 아무런 근거가 없다고 결론을 내렸다. 나는 독서 증진 프로그램 중 가장 잘 알려진 'Accelerated Reader(AR, 책을 읽고 난 뒤 책 내용에 관해 퀴즈를 푸는 프로그램)'에 대해 살펴보았다. 내가 내린 결론을 요약해본다.

AR은 4가지 요소를 갖고 있다.

① 아이들이 책을 자주 접할 수 있는 기회를 제공한다.
② 아이들은 자신이 직접 선택한 책을 읽는다(AR은 자율 독서 시간으로 하루에 1시간을 추천함).
③ 아이들은 책의 내용에 대해 묻는 시험을 쳐서 포인트를 모으는데, 시험은 문자 그대로의 의미에 초점을 둔다.
④ 아이들은 시험에서 획득한 포인트를 교환해서 상을 받는다(AR 회사는 이러한 형태가 AR의 본질적인 형태는 아니며, 학교의 재량이라고 말한다).

①번과 ②번 항목을 포함하는 AR 프로그램이 읽기 실력을 향상시

킨다는 사실은 전혀 놀라운 것이 아니다. 앞에서 살펴본 것처럼 독자들은 이해 가능하고 재미있는 읽을거리만 제공된다면 더 많이 읽는다는 근거가 충분히 있다. 더 많이 읽는 사람이 더 잘 읽는다는 것은 1장에서 언급했다. 그렇다면 여기서 흥미로운 의문점은, 과연 ③번과 ④번 항목이 효과가 있는가 하는 것이다. 시험과 보상이 도움이 되는가? 이것을 확인하기 위한 정확한 연구는, AR 같은 프로그램이 더 많은 책과 더 많은 독서 시간을 제공하는 것보다 더 효과적인지 알아보는 것이다. 안타깝게도 이러한 비교 연구는 이루어지지 않았다.

테스트를 하기 전에 생각해야 할 것

AR의 효과에 관한 연구는 대부분 특별한 활동을 하지 않는 그룹과 AR을 비교한다. 이를테면 AR 프로그램에 참여하는 아이들과, 책에 충분히 노출되거나 독서 시간과 책을 많이 주지 않고 전형적인 언어 수업을 받는 아이들을 비교하는 방식이다. AR을 실시한 아이들은 전형적인 언어 수업만 받은 아이들에 비해 더 나은 성적을 보여주었다. 그러나 결과가 긍정적인데도 AR의 어떤 점이 결과에 영향을 미쳤는지는 아무도 설명하지 않는다. 나는 이러한 연구에 대해서 자세히 살펴보았다.

이러한 연구가 전부 AR이 전형적인 언어 수업보다 더 효과적이라는 결론을 보여준 것은 아니다. 굿맨(Goodman)은 AR 프로그램에 참여하는 아이가 독해력 검사에서 해당 학년의 수준보다 3개월 앞서는 수준을 보였다고 보고했다. 공식적인 AR 웹사이트에 있는 한 보고서는 1년 동안 중학교 두 개 반에서 AR을 실시한 결과를 보여주고 있다. 한 반은 점수가 향상되었고, 다른 한 반은 그렇지 않았다. 마시스(Mathis)

는 AR에 참여한 6학년들의 향상 정도가 같은 아동들이 1년 전에 성취한 것에 비해 차이가 없다는 것을 알아냈다.

여기서 연구 기간이 AR의 효과를 보여줄 만큼 충분히 길지 않았다는 논쟁을 제기할 여지가 있다. 조용히 책 읽기에 대한 연구 기간이 길수록 효과가 더 컸다는 점을 상기하자. 그러나 이것은 다음에 나오는 연구 결과를 설명하는 데 도움을 주지 않는다.

파보네티(Pavonetti), 브리머(Brimmer), 사이피엘레위스키(Cipielewski)는 세 지역의 중학교 1학년 학생들에게 '책 제목 인식 테스트(Title Recognition Test)'를 치르게 하였다. 책 제목 인식 테스트는 다양한 읽기 성취도와 읽기 노출에 대한 척도 사이에 높은 상관관계를 볼 수 있는 체크리스트다(1장 '작가 인식 테스트'에 관한 논의 참조). 세 지역의 결과를 종합한 결과, 연구자들은 AR에 참여한 아이들과 그렇지 않은 아이들 간에 차이가 없다고 보고하였다.

오직 세 연구만이 AR의 어떤 부분이 효과적인가에 관해 다루었다. 그러나 세 연구 모두 AR에 참여한 그룹이 이해 가능한 읽기 자료에 더 많이 노출되었고, 두 연구에서는 비교 그룹이 재미를 위한 독서를 하지 않았다. 세 연구 모두 결과가 일관성이 없고 불명확하다. [6]

AR의 인기가 대단하기는 하지만, 그 타당성을 뒷받침할 만한 실질적인 근거는 없다. 테스트를 많이 하고 보상을 해주는 것이, 양질의 재미있는 읽을거리와 독서할 시간을 줄 때 얻을 수 있는 효과에 도움이 된다는 실질적인 근거가 없기 때문이다.

그렇다고 AR이 효과가 없다고 말하는 것은 아니다. 단지 그것을 지지할 만한 자료가 없다는 결론을 내린 것이다. 맥로이드가 연구 결과 보상이 실제로 독서를 저해한다고 결론을 내렸다 하더라도 이 점을 확실히 뒷받침할 통제된 실험연구가 나올 때까지는 판단을 유보해야 한다.

우리가 결론내릴 수 있는 것은, AR이 대단한 인기를 누리고 있지만 연구에 의해 확실하게 입증되지는 않았다는 것이다. AR을 구매하고 테스트를 실시하기 전에, 아이들이 흥미로운 책을 쉽게 접할 수 있는가, 그리고 읽을 시간과 장소가 충분한가 등을 고려하는 정책이 우선 확립되어야 한다.[7]

3장
이제
공부 방법이
달라져야 한다

긴장하면 언어 학습을 담당하는 뇌가 **작동하지 않는다**

적절한 책으로 자발적 읽기를 많이 하더라도 완벽한 쓰기 능력을 습득하기 어려울 수도 있다. 즉, 매우 잘 읽는 사람일지라도 쓰기에 있어서 부족한 부분이 있을 수 있다는 것이다. 그러나 일반적으로 부족한 점은 그렇게 크지 않고, 독자들은 자신의 부족한 부분에 대해 잘 인지하고 있다. 몇 가지 예를 들어보자.

- **철자 혼란:** committment(commitment?)와 independence(independance?) 같은 단어

- **구두점:** 쉼표가 따옴표 안에 있어야 하나, 밖에 있어야 하나?

- **문법**: 문장에서 주어와 동사의 일치: A large group of boys is(are?) expected to arrive tomorrow.

이런 실수는 의사소통 측면에서는 크게 문제가 되지 않는다. 예를 들면 'independance'는 마치 'independence'와 같다는 생각으로 의사소통하는 것이다. 하지만 규칙을 따르는 것은 형식적인 이유로 인해 중요하다. 독자들은 종종 문장에서 신경 거슬리게 하는 오류를 발견하게 된다. 이러한 오류는 저자의 의미나 의도를 빗나가게 할 수 있다.

글을 잘 읽는 독자가 쓰기에서 부족한 점이 있는 이유는 무엇일까? 완전한 쓰기를 습득하는 데 있어 저해 요인은 무엇인가? 여기서 한 가지 설명할 수 있는 것은 독자들이 모든 문자에 다 주목하는 것은 아니라는 것이다. 지면에 있는 모든 글자를 전부 동원해야 완전하게 의미를 이해하는 것은 아니다. 유능한 독자는 막 읽은 텍스트에 대한 가설을 이미 알고 있는 상식이나 언어에 대한 지식을 근거로 해서 생성한다. 그리고 단지 자신의 가설을 확실히 하는 데 필요한 문자에만 주목한다. 그 예로 대부분의 독자는 문장 맨 마지막 단어가 무엇인지 추측한다. 훌륭한 독자들은 내용을 이해하기 위해서 마지막에 나오는 단어가 'be'라는 것을 알기 위해 문장을 전부 완벽하고 조심스럽게 읽을 필요가 없다. 단지 be가 거기에 있음을 확인하는 것만으로도 충분하다.

따라서 유능한 독자는 글을 읽을 때 모든 세부적인 것에 신경을 쓰지 않는다. 독자는 its/it's를 구별하지 못할 수도, 단어의 끝이 -ence인지 -ance인지 확신하지 못할 수도 있다. 나는 이런 사소한 차이는

유창하고 효율적인 읽기에 크게 중요하지 않다고 생각한다.[1]

　주의를 기울여 이해한 문자인데도 습득하지 못할 수가 있다. 몇몇 연구자들은 언어를 습득하는 데 실패하는 요인으로 감정적 요소가 있을 것이라는 가설을 세웠다. 듀레이(Dulay)와 버트(Burt)는 언어를 습득하기 위해서는 언어가 입력될 수 있도록 '열려 있어야' 하거나 긴장하지 않아야 한다고 주장한다. 언어 습득자가 긴장하거나 방어적일 때 입력된 언어를 이해할 수는 있어도 그 언어가 언어 습득을 담당하는 두뇌 부위에 도달하지 못할 것이라고 하였다(촘스키가 언급한 언어 습득 장치: Language Acquisition Device). 감정적 여과 장치라는 장벽은 언어를 입력하는 데 방해가 된다.

　스미스는 학습자가 자신을 특정 집단이나 '클럽'의 일원이라고 생각할 때 의도적인 노력을 기울이지 않고도 방대한 학습이 이루어진다고 말하였다. 예를 들어 10대는 의도적으로 공부해서 또래의 옷차림이나 속어, 행동양식을 배우는 것이 아니다. 그저 친구들을 관찰하고 친구들처럼 되고 싶다고 마음먹으면서 자연스럽게 배우는 것이다. 마찬가지로 독자 자신이 읽고 글을 쓰는 리터러시 '클럽'의 일원이 된다고 생각할 때 작가처럼 글을 읽고, 작가가 지닌 방대한 양의 지식을 흡수한다고 스미스는 주장한다. 스미스의 주장은 감정적 여과장치 가설과 일관성이 있다. 즉, 자신을 리터러시 클럽의 일원이라고 생각하면 불안감이 낮아지고, 입력한 언어가 뇌의 언어 습득 장치에 도달하게 되는 것이다.[2]

　그렇다면 독서량이 상당히 많고 리터러시 클럽의 일원으로 활동하는데도 불구하고 쓰기에 부족한 점이 있을 때 그 부분은 무엇으로 메울 수 있는가? 불행하게도 쓰기의 정확성에 대한 사회의 기준이

100%라는 사실을 고려해야 한다. 다른 사람이 읽어야 하는 글을 쓸 때 철자, 구두점, 문법에 있어서 실수가 용납되지 않는다. 형식적이지 않은 이메일이라도 마찬가지다.

직접 지도와 문법 공부, 사전을 사용하면 부족한 부분을 일부 메우는 데 도움이 될 수 있다. 하지만 그런 의식적인 언어 학습은 한계가 분명하며 조심스럽게 이용해야 한다. 형식이나 정확도에 지나치게 관심을 두면 아이디어가 빛나는 글을 쓰기가 힘들기 때문이다.

경험이 있는 작가는 이 점을 알기 때문에 아이디어를 명확히 정리한 후 마지막에 교정을 한다. 그러므로 고학년 학생들만 광범위한 지식을 의식적으로 습득할 수 있다고 기대하는 것이 적절하다. 이러한 직접 교수는 고등학교에 가서 시작하는 것이 가장 좋다.

책을 많이 읽고 리터러시 클럽의 진정한 멤버라면, 쓰기에 필요한 거의 모든 것을 습득할 수 있다. 충분한 독서로 문법, 철자법, 문체를 노력하지 않고도 습득할 수 있다는 의미이다.

글 쓰는 능력을
개발하는 2가지 | **결정적인 요소**

쓰기에 대해 이야기하려면 여기서 제시하는 것보다 훨씬 더 많은 부분을 다루어야 한다. 그러나 내 목적은 쓰기 능력을 개발하는 방법에 관해 명확한 이론을 제공하는 것이 아니라 두 가지 결정적인 요점을 밝히는 데 있다.

① 문체는 쓰는 경험에서 나오는 것이 아니라 읽기에서 나온다.
② 쓰기는 문제를 해결하는 데 도움이 되고, 글을 쓰면서 우리는 더 명석해진다.

문체는 읽기에서 나온다

앞에서 살펴본 연구를 통해 책을 읽음으로써 쓰기를 배운다는 사실을 알게 되었다. 더 정확하게 말하자면, 읽기를 함으로써 쓰기에 필요한 특정한 언어를 습득한다. 우리는 이미 이 사실에 관해 많은 증거를 보았다. 1장에서 자율 독서 프로그램에 참여한 아이들이 더 잘 쓰고, 더 많이 읽으면 더 잘 쓴다는 사실을 확인했다. 1장에서 언급한 것처럼 리(Lee)와 크라센은 중국어를 더 많이 읽은 사람이 더 잘 쓴다는 것을 확인시켜 주었다.

문체는 읽기에서 비롯된다고 여길 만한 다른 이유가 있다. '복잡성 논쟁'(1장 참조)은 쓰기에도 적용된다. 공식적인 문자 언어가 비공식적인 음성 언어와 다른 점은 너무 복잡해서 한 번에 한 가지 규칙을 배울 수 없다는 것이다. 책을 많이 읽는 사람들이 좋은 글을 쓴다는 것은 맞는 말이다. 하지만 연구자들은 무엇이 훌륭한 문체를 만들어내는가에 대해 완벽하게 설명하지 못한다. 따라서 문체는 의식적으로 학습해서 되는 것이 아니라, 읽기를 통해 흡수하거나 무의식적으로 습득되는 것이라고 가정할 수 있다.

상식적으로 우리는 실제 쓰기를 함으로써 쓰기를 배운다고 알고 있다. '읽기가설(reading hypothesis)'은 적어도 문체에 관한 한 이 상식이 사실이 아니라고 주장한다. 스미스는 왜 쓰기를 통해 쓰기를 배울 수 없는지를 말해준다.

나는 열심히 공부하는 학생도 학교에서 쓰기를 거의 하지 않으며, 피드백도 거의 없다는 것을 알게 되었다. 그 사실을 알기 전까지는 쓰기를 함으로써 쓰기를 배운다고 생각했다. … 글을 쓰는 데 필요한 지식을 학교에서 충분히 배우는 학생은 아무도 없다.

실제로 학교에서 쓰기 활동은 거의 이루어지지 않는다. 여기서 전형적인 연구를 살펴보자. 애플비(Applebee), 랭거(Langer), 뮬리스(Mullis)는 학생들에게 6주 이상 동안 얼마나 많은 에세이와 보고서를 썼는지를 물었다. 4학년 학생들 중 18.6%만이 10개 이상을 썼고, 고2 학생들은 7.8%만이 10개 이상을 썼다.

학교 밖에서 쓰기 활동이 활발하게 이루어지는 것도 아니다. 애플비와 연구자들은 고2 학생들이 학교 밖에서 쓰기 활동을 가장 많이 했지만, 17.4%만이 일기를 쓰고, 37.3%만이 친구에게 편지를 쓰고, 74.8%가 매주 메모를 하거나 메시지를 썼다고 말한다.

라이스(Rice)의 연구를 통해 학교 밖에서 이루어지는 쓰기와 읽기 빈도를 대략 비교할 수 있다. 라이스는 몇몇 그룹을 대상으로 읽기와 쓰기를 탐구했다. 여기서 나는 그중 하나(언어 수준이 높은 성인 대상)를 대표적인 예로 제시한다. 일주일간 피실험자들의 총 읽기 시간은 15.1시간이었지만, 쓰기 시간은 2시간이었다(1.9시간은 '짧은 글 쓰기', 0.1시간은 '긴 글 쓰기'). 매우 느린 속도로 읽고(1분에 200단어) 빠른 속도로 쓴다(1분에 60단어 타이핑)고 가정해도 25:1의 비율로 쓰기보다 읽기에서 더 많은 단어를 다룬다는 것을 의미한다. 아마 실제 비율은 150:1에 더 가까울 것이다. 이러한 자료를 통해 쓰기가 언어 습득의 중요한 근원이라는 가정은 오류가 있다는 것을 알 수 있다.

글을 많이 쓴다고 잘 쓰는 것은 아니다

학생들이 학교와 학교 밖에서 쓰기를 거의 하지 않는다는 사실을 확인시켜 주는 보고서가 계속 발표되고 있다. 최근에 출판된 〈전국쓰기협회보고서 National Council on Writing report 2003〉는 NAEP(전국학업성취도평가) 자료를 인용해 초등학교 학생들이 쓰기 숙제를 하는 데 보내는 시간이 주당 평균 3시간 이하라고 밝히고 있다.

이 연구에서 연구자들은 학교에서 쓰기 시간을 두 배로 늘리고, "쓰기는 모든 교과, 모든 학년에서 가르쳐야 한다"고 제안한다. 그러나 그 연구는 중요한 사실을 놓치고 있다. 더 많은 쓰기가 반드시 더 좋은 쓰기로 이어지지는 않는다는 것.

몇몇 연구는 훌륭한 글을 쓰는 사람이 그렇지 못한 사람보다 더 많이 쓰지만, 쓰기 양을 늘린다고 해서 쓰기 실력이 좋아지는 것은 아니라는 것을 보여준다.

중국어에서 모국어 쓰기 빈도와 쓰기 실력 사이에는 상관관계가 없다는 것을 보여준 연구로 크라센과 리(Lee)의 연구가 있다. 헌팅(Hunting)의 박사논문은 쓰기의 양과 쓰기의 질은 무관하다는 것을 밝히고 있다(이 논문은 출판되지 않음).

로크(Lokke)와 위코프(Wykoff)의 연구는 예외다. 이 연구에서는 주당 2개의 주제에 관해 글을 쓴 대학 1학년생과 주당 1개의 주제에 관해 글을 쓴 대학 1학년생 사이에서 아주 작은 차이를 발견하였다. 힐록스(Hillocks)는 출판되지 않은 박사논문을 포함해 광범위하게 살펴본 후, 자율 작문을 강조한 그룹이 비교 그룹보다 쓰기 능력이 특별히 향상되지 않았다고 결론을 내렸다.

제2 언어로 한 연구로는 버거(Burger)와 메이슨(Mason)의 연구가 있다. 버거의 연구대상자는 캐나다 오타와 지역의 언어 수업에 등록한 학생들이었다. 버거는 오류 수정 등 쓰기 수업이 작문의 질이나 영어 실력 평가에 영향을 주지 못한다고 보고했다.

메이슨은 일본에서 영어를 배우는 대학생을 대상으로 한 연구에서,

자율 독서를 보충하는 세 가지 활동의 효과를 비교하였다. 세 가지 활동은 모국어(일본어)로 읽은 내용에 대해 짧은 해설 쓰기, 제2 언어(영어)로 읽은 내용에 대한 해설 쓰기, 제2 언어(영어)로 읽은 내용에 대한 해설 쓰기와 오류 수정이었다. 그는 세 학기가 지난 후 쓰기의 정확성(또는 읽기 성취도)에서 세 그룹 간에 차이점을 발견할 수 없었다. 게다가 쓰기에 추가로 투자한 시간이 언어 발달에 기여하지 못했다. 즉, 영어로 쓰기를 한 두 그룹은 쓰기에 주당 2시간을 더 투자했지만 언어 발달에는 아무런 효과가 없었다.

문체가 쓰기가 아닌 읽기에서 나온다는 가설은 언어 습득에 관해 알려진 사실과 일치한다. 즉, 언어 습득은 출력(output)이 아닌 입력(input)으로부터, 연습이 아닌 이해로 이루어진다는 것이다. 따라서 당신이 만약 하루에 한 페이지를 쓴다면 당신의 문체나 쓰기 능력은 향상되지 않을 것이다. 그렇지만 글쓰기는 다른 장점을 갖고 있다.

내가 알기로는 무엇을 읽었는가와 문체 사이의 관계를 알아보고자 시도한 연구는 없다. 하지만 확실히 관계가 있다. 왜냐하면 글의 종류에 따라 특성이 각기 다르기 때문이다. 스미스는 이 점을 언급하면서 다음과 같이 조언한다. "신문기사를 쓰는 법을 배우기 위해서는 신문을 읽어야 한다. 교과서를 읽는 것만으로는 충분하지 않을 것이다. 잡지에 실릴 글을 쓰려면 잡지 기사를 쓰는 교육과정을 듣기보다 잡지를 훑어보는 것이 낫다. 시를 쓰려면 시를 읽어라." 그럼에도 불구하고 적어도 어느 정도는 어떠한 글이든 읽기는 쓰기에 도움이 된다. 글의 종류에 따라 문체가 다르기는 하지만 문체의 차이보다는 공통점이 더 많다. 예를 들어 이야기체(narrative style)는 설명문(expository prose)과 다르기는 하지만 공통점을 가지고 있다. 다시 한 번 정리하면 이렇다.

소설을 많이 읽는다고 유능한 수필가가 될 수는 없다. 수필 양식의 문체를 발전시키기 위해서는 수필을 많이 읽어야 한다. 그러나 소설을 읽으면 수필을 쓰는 데 분명히 도움이 된다. 즉, 소설을 많이 읽은 사람은 아무것도 읽지 않은 사람보다 수필을 더 멋지게 쓸 수 있다. 그리고 여러 번 강조하고 있듯이 '가벼운 읽기'는 '깊이 있는 읽기'를 할 수 있는 능력을 길러준다.

쓰기는 문제해결력을 키워준다

비록 쓰기가 문체를 발달시키는 데 아무런 도움을 주지 않지만 다른 장점을 가지고 있다. 스미스가 지적한 것처럼 우리는 적어도 두 가지 이유 때문에 쓰기를 한다. 첫째, 우리는 다른 사람과 의사소통하기 위해 글을 쓴다. 둘째, 자신의 생각을 좀 더 명백히 하고 마음을 다잡기 위해 쓴다. 사실은 두 번째가 더 중요하다. 글을 쓴다는 것은 궁극적으로 자신을 위하는 일이다. 심지어 책을 출판하는 경우라도 마찬가지다.

엘보우(Elbow)가 지적하듯이 동시에 여러 가지 생각을 하기는 어렵다. 자신의 생각을 글로 쓸 때 모호하고 추상적이던 것이 명백하고 정교해진다. 자신의 생각을 종이에 쓸 때 여러 생각 사이의 관계를 볼 수 있고 좀 더 나은 생각을 할 수 있다. 다시 말해 쓰기는 사람을 좀 더 현명하게 만들어준다.

일기를 쓰는 독자들은 문제가 있을 때 글로 쓰면 문제가 어느 정도 해결된다는 것을 잘 알고 있다. 어떤 때는 문제 전체가 해결되기도 한다.

이에 관한 예를 하나 들어보자. 다음은 독자가 신문 상담 코너인

'앤 랜더스(Ann Landers)'에 보낸 편지이다.

앤 선생님께

저는 26살 된 여자입니다. 어리석은 질문을 하려고 합니다. 제가 요즘 만나는 남자는 30살인데 가끔 14살 같은 행동을 해요. 그런 남자와 결혼을 해야 할지 말아야 할지 묻고 싶어요. 그이는 세일즈맨이고 돈을 많이 벌어요. 그런데 관리가 제대로 안 돼요. 우리가 만나는 동안 그는 지갑을 3번이나 잃어버렸고, 제가 차 할부금을 도와준 적이 있어요.

제가 제일 괴로워하는 점은 그가 나를 믿지 않는 것 같다는 거예요. 매번 데이트를 하고 헤어지고 나서 그이는 나한테 전화를 해서는 "잘 자라는 인사를 또 하고 싶어서 전화했어."라고 말해요. 그런데 사실은 내가 다른 사람을 만나는지 확인하기 위해 전화하는 것이라고 생각해요.

하루는 샤워를 한다고 그의 전화를 받지 못했어요. 그랬더니 그 사람이 우리 집 앞에서 밤을 새웠어요. 그다음 날 아침 6시 30분에 신문을 가지러 나갔더니 그 사람이 그네 위에서 잠이 들어 있지 뭐예요. 제가 밤새 집에 있었다는 사실을 그 사람에게 확인시켜 주느라 힘든 시간을 보냈어요.

이제 장점을 말해볼게요. 그이는 아주 잘생겼고 몸매가 멋져요. 음, 그게 다예요. 그의 장점을 생각하려고 15분 동안 펜을 들고 앉아 있는데 아무 생각도 나지 않아요.

선생님, 이 편지에 답장하시려고 신경 쓰지 않아도 돼요. 글을 쓰다 보니 생각이 분명하게 정리가 되네요. 침침하던 시야가 환해진 기분이에요.

쓰기가 사고를 돕는다는 명백한 증거로 랭거와 애플비의 연구가 있다. 고등학교 학생들에게 사회책에서 한 부분을 읽고 그 내용에 대해 분석적인 수필을 쓰거나 공부 기술(노트 필기, 퀴즈 풀기, 요약하기, 쓰지 않고 '일반적인' 공부하기)을 동원해 공부를 하라고 요청했다.

그리고 나서 학생들은 공부한 내용과 관련된 다양한 시험을 치렀다. 랭거와 애플비는 "일반적으로 쓰지 않고 읽기만 한 경우보다 글을 쓴 경우 학업 성적이 더 나았다."라고 보고했다. 세 번째 연구에서는, 읽기 자료가 너무 쉬울 경우 에세이 쓰기에 그리 큰 영향을 미치지 않는다고 말했다. 그러나 읽기 정보가 어려울 경우 에세이를 쓰는 것은 다른 공부 기술을 사용한 것보다 훨씬 더 효과적이었다. 비슷한 결과가 뉴웰(Newell), 마샬(Marshall), 뉴웰과 위노그래드(Winograd)의 연구를 통해 보고되었다.

때로는 조금씩 쓰는 것이 큰 차이를 만들기도 한다. 강굴리(Ganguli)는 대학 수학과 학생들을 대상으로 연구를 진행했다. 그 결과 수업시간에 나온 중요한 개념을 3분씩 투자해 써본 학생들은 학기 말 시험에서 비교 집단보다 월등히 나은 점수를 받았다. "쓰기가 당신을 현명하게 만든어준다(Writing can make you smarter)"는 가설은 애플비, 보이스(Boice), 크라센의 연구에서도 찾아볼 수 있다.[3]

TV 시청과 독서

일반적으로 TV 시청이 읽기와 언어 발달에 부정적인 영향을 미친다고 알려져 있다. TV 시청을 반대하는 2가지 주장이 있다. 우선 TV는 시간을 잡아먹는다는 것, 그로 인해 책을 읽을 시간을 빼앗긴다는 것이다. 하지만 이에 대한 증거는 그다지 명확하지 않다.

TV에 관한 두 번째 주장은 TV 프로그램이 언어 발달을 촉진하지 못한다는 것이다. 연구에 의하면, 이러한 주장은 사실이다. 즉, TV 언어는 책에서 접할 수 있는 언어보다 복잡하지 않다. 그럼에도 불구하고 적절한 양의 TV 시청은 무해한 것으로 나타났다. TV 시청 시간이 지나치지 않다면 리터러시와 학업 성적에 TV 시청이 그다지 큰 영향을 미치지 않는다고 한다.

TV 시청이 읽기 시간을 잡아먹는다는 견해가 일반적인데, 이 견해를 뒷받침하는 몇 가지 사례가 있다. 칼슨(Carlsen)과 셰릴(Sherrill)의 연구에서 몇몇 대학생들은 TV가 독서를 방해한다고 말한다. TV가 독서에 대한 흥미를 사라지게 했다고 이야기하는 사례를 보자. "나는 5학년 때까지는 독서에 흥미가 많았어요. 그런데 TV가 우리 집 거실에 자리 잡고 나서는 TV가 책을 대신하게 되었어요."

몇몇 실험연구는 이러한 견해를 뒷받침한다. 6학년을 대상으로 한 연구에서 메드리치(Medrich), 로이젠(Roizen), 루빈(Rubin), 버클리(Buckely)는 TV를 아주 많이 시청하는 사람은 일반 시청자보다 규칙적으로 재미있는 독서를 할 가능성이 적고, TV 시청을 적게 하는 일반 시청자보다 책을 적게 읽는다고 보고했다. TV 시청 시간은 계층과 관련이 있는 것으로 나타났다. 일반적으로 소득이 낮은 가정이 TV를 더 많이 시청한다.

앞에서 살펴본 것처럼 저소득층 가정은 책을 접할 기회가 훨씬 적다. 그러므로 TV 시청과 독서는 직접적인 상관관계가 없을 수도 있다. 저소득층 가정이 책을 접하기가 더 어렵기 때문에 TV를 더 많이 시청하고 독서를 적게 하는 것이다.

책에 대한 접근성이 떨어지면 독서를 덜하게 되지만, 책에 대한 접근성이 떨어지는 것이 TV를 더 많이 보는 이유가 되지는 않는다. 이 해석은 TV 시청과 책 읽기가 아무런 관련이 없다는 것을 보여주는 연구 결과와 일치한다.

TV가 처음 등장했을 때, TV는 책을 대체할 수 있었다. 이 효과는 TV가 세상에 처음 등장했을 때, 그리고 시청자가 아주 어릴 때 나타난다. 미국에서 TV가 막 등장했을 때 시행한 조기 연구는, TV 시청자들은 책을 덜 읽는다고 보고했다. 1965~1966년 14개국에서 TV가 미치는 영향을 조사 연구했을 때도 같은 결과가 나왔다.

TV가 사회에 자리를 잡자 이제 TV 시청자들도 TV를 시청하지 않는 사람들만큼은 책을 읽었다. 그러나 하이멜웨이트(Himmelweit), 오펜하임(Oppenheim), 빈스(Vince)의 연구는 TV 시청과 책 읽기가 아무런 관련이 없다는 것을 보여주었다. 그러나 맥에보이(McEvoy)와 빈센트(Vincent)의 연구에서는 책을 적게 읽는 사람과 많이 읽는 사람 사이에 차이점을 발견하지 못했지만, 책을 읽지 않는 사람은 TV를 더 많이 보는 것으로 보고했다. 로빈슨(Robinson)과 가드비(Godbey)는 1965년부터 1985년까지 조사한 결과 TV 시청 시간이 늘었을 뿐만 아니라 책이나 잡지를 읽는 시간 역시 조금 증가했다고 보고했다. 그러나 이 시기 동안 신문 읽기는 감소하였다.[4]

세 가정에 대한 민족지학적 연구(ethnographic study)에서 뉴먼은 이야기책을 규칙적으로 읽는 가족의 경우 TV가 아이의 독서 시간을 빼앗지 않는다고 결론지었다.

뉴먼은 TV 시청은 쉽게 할 수 있는 기본 활동이라고 말했다. 왜냐하면 더 매력적인 활동이 없을 경우 자연스럽게 TV 시청을 하게 되기 때문이다.

몇몇 연구에서는 TV가 실제로 읽기를 촉진할 수 있다고 주장한다. 즉, 책을 각색한 작품이 TV에 나오면 그 책을 읽게 될 가능성이 높아진다는 것이다. 하지만 '출판업연구회(The Book Industry Study Group)'는 연구대상 아동 중 4%만 TV에서 보고 들은 책을 선택했다고 보고했다. 또 다른 연구는 TV가 독서를 완전히 촉진할 수는 없지만, "독자의 책 선택 방향을 바꾸는" 것은 가능하다고 보고했다.

또한 TV가 읽기와 리터러시의 기능을 방해한다는 주장이 제기되어

왔다. 왜냐하면 TV 속 등장인물들은 읽거나 쓰지 않기 때문이다. 심지어 읽고 쓰는 것처럼 행동하지도 않기 때문이다. 포스트맨(Postman)은 다음과 같이 지적했다.

> TV에 나오는 성인들이 대부분 읽고 쓸 줄 모르는 것처럼 묘사된다는 점은 꽤 주목할 만하다. 책 읽기를 통해서 배우는 장면이 없으므로 읽을 줄 모르는 사람들처럼 보일 뿐만 아니라, 심지어 깊이 생각하는 모습조차 보여주지 않는다.

TV에서 사용하는 언어의 수준

이번 장의 도입 부분에서 제기한 두 번째 비판을 기억하는가? 'TV는 수준 높은 언어를 제공하지 못한다'라는 비판에 대한 논거가 있다.

패싯(Fasick)은 아동 도서에 나오는 언어가 어린이 TV 프로그램에 나오는 언어보다 상당히 복잡하다고 보고하였다. 예를 들어 미취학 아동에게 소리 내어 읽어주라고 추천받은 5권의 책 속에 나오는 문장의 64%가 TV 만화에 나오는 34%의 문장과 비교했을 때 더 복잡했다. 게다가 책에 나오는 복잡한 문장은 종속관계가 복잡한 구조였다. 다시 말해 책에 나오는 복잡한 문장이 TV에 나오는 문장보다 더 복잡하다는 것이다. 패싯은 TV 언어는 평균 5학년 수준이라는 결론을 내렸다.

리버먼(Liberman)은 1970년대 인기 프로그램에 나온 언어를 분석하였다. 문장의 복잡성에 관한 분석은 패싯의 연구 결과와 거의 일치한다. 게다가 리버먼은 TV에서 나오는 언어의 양이 적다고 보고했다. 그가 분석한 8개 프로그램 중에 가장 많은 단어를 사용한 것은 'M.A.S.H'였다. 이 프로그램에는 총 3395개 단어가 나오는데, 그중 900개만 다른 단어를 사용했다.

리버먼은 TV 프로그램 어휘 목록은 5000개 이하일 것이며, 이것은 1학년의 어휘 범위가 5500~3만 2000개라는 점을 고려할 때 아주 형편없는 결과라고 주장했다. 리버먼의 결론은 2장에서 다룬 해이스(Hayes)와 아렌스(Ahrens)의 연구가 뒷받침해 준다. 해이스와 아렌스는 어른과 어른 사이, 어른과 아이 사이의 평범한 대화에서 사용하는 어휘 양은 TV에 나오는 어휘와 유사하다고 했다. 세 영역 모두 약 95%가 가장 빈번히 사용되는 단어 5000개였다. 만화책, 아동 도서, 잡지 등과 같은 출판물에는 흔하게 쓰지 않는 단어가 훨씬 많이 나온다.

TV 프로그램은 말을 배우기 시작하는 어린 아이들에게는 필요한 자극을 줄 수 있을지도 모른다. 그러나 연구자들은 TV가 제공하는 어휘나 복잡성 측면에서 읽기와 비교하지는 않았다.

TV와 언어 발달

독해, 어휘, 철자, '언어 과목' 등을 포함한 학업 성취도 측정에서 TV가 미치는 영향에 대해 심도 있는 연구가 진행되었다. 이러한 연구에 대한 세밀한 검토 결과 아래와 같은 결론에 도달했다.

- TV로 인한 전반적인 영향은 부정적이지만 아주 미미하다. 사실 영향을 발견하기도 어렵다. TV 시청을 더 많이 하면 독해, 어휘, 학업관련 부분에서 성취도가 약간 감소한다는 결과가 나온다.

- 몇몇 연구에서는 실제로 TV를 적절하게 시청하면 학업 성취도가

약간 증가하는 결과가 나타났다. 즉, TV를 더 많이 본 사람이 학업관련 시험에서 결과가 더 좋았다. 이 상관관계는 하루에 약 2시간 정도 TV를 시청할 때만 나타난다. 이 경계를 넘어서면 상관관계가 부정적으로 변한다. 하루에 4시간 이상 TV를 시청할 때 확실히 부정적인 영향이 나타난다.

흥미롭게도 TV 시청이 늘면서 제2 언어로 영어를 습득하는 아이들의 읽고 쓰는 능력이 더 발달했다. 그러나 이 상관관계는 영어 방송을 이해하지 못하는 초보자에게는 해당되지 않는다.

- 고등학생들과 사회 경제적 지위가 높은 계층에서는 TV가 부정적 효과를 나타낸다는 증거가 있지만, 그 영향력은 작다. 또한 TV의 영향은 아이들이 시청하는 프로그램이 무엇인지에 따라 달라진다. 오락이나 모험 프로그램을 시청하면 낮은 성취도를 보이는 것으로 나타났다.[5]

그러나 일반적으로 무엇을 시청하느냐와 읽기 성취도 간에는 상호관련성이 없는 편이다. 둘 사이의 상호관련성에 대해서는 포터(Potter)의 보고가 유일하다. 포터에 따르면 드라마 시청은 과학적 지식에 부정적인 영향을 미친다. 존슨(Jönsson)의 연구는 귀 기울여 들을 만하다. 미취학 아동이 TV를 볼 때 부모가 내용을 살펴보고 이해할 수 있도록 도와주면 나중에 학교에서 우수한 성적을 받았다. 또 다큐멘터리를 더 많이 시청한 5학년 학생이 6학년이 되어 우수한 성적을 받았다고 한다.

독서를 방해하는 것은 TV가 아니다

TV 프로그램은 대체로 질이 높지 않다. 하지만 TV는 분명 '리터러시 위기'의 주범이 아니다. 비록 TV 프로그램에 나오는 언어가 고급하지는 않지만, TV 때문에 독서를 못한다는 명백한 증거가 없으며 TV 시청과 성취 사이의 부정적인 관계도 미미하다.

사실 TV를 적당히 보는 것은 전혀 보지 않는 것보다 도움이 되며, 제2 언어를 습득하는 데 도움이 된다. TV 시청이 과도할 때만 부정적인 영향이 확연하게 드러난다.

다시 말해, 언어 시험에서 더 좋은 성적을 얻는 사람들은 책을 더 많이 읽고 TV는 조금 더 적게 보는 것 같다. 아이들의 읽기를 방해하는 것은 분명 TV가 아니다. 그보다는 흥미 있는 책이 없기 때문일 것이다. 코르틴(Corteen)과 윌리엄스(Williams)는 이 점에 동의한다. 다른 연구자들과 마찬가지로 그들은 TV 시청 시간과 읽기 성취도 간에 부정적인 상관관계가 있다는 것을 발견하였다. 그러나 상관관계의 정도는 미미하고, "읽기 시간이 없는 것이 TV보다 더 중요한 영향을 미친다"라고 결론지었다.[6]

일부 자료는 이러한 결론을 확인시켜 준다. 뉴먼은 책 읽기와 TV 시청을 모두 많이 한 아동과, 책을 많이 읽고 TV 시청을 적게 한 아동, 책을 적게 읽고 과도한 TV 시청을 한 아동이 책을 선택하는 유형을 비교하였다. 책을 많이 읽은 두 그룹은 똑같이 질이 높은 책(지적인 도전과 복잡성, 아이디어의 풍부함 측면에서)을 선택했고, 읽기를 적게 한 그룹보다 질이 더 높은 책을 선택하였다. TV 시청은 독서를 대체하지 않으며 질이 낮은 책을 읽게 만들지도 않는다.

외국어 학습에
지름길은 있다

　외국어를 배우는 사람들이 즐겁게 책을 읽으면 단순한 일상대화 수준에서 시작해 차원이 높은 문학 공부나 비즈니스에 필요한 언어를 구사하는 수준으로 발전한다.
　이 책 앞 부분에서 논의한 연구들이 보여준 바와 같이 외국어를 공부하는 사람들이 즐겁게 책을 읽으면 교실에 앉아 선생님의 수업을 받지 않고도, 의식적으로 공부를 하지 않고도, 심지어 함께 대화를 나눌 사람이 없어도 외국어 실력을 꾸준히 향상시킬 수 있다.
　외국어를 공부하는 사람들에게 모국어로 쓰인 책을 재미로 읽도록 권장하는 것도 충분히 설득력이 있다. 모국어로 된 책을 재미있게 많이 읽으면 외국어를 읽는 능력도 상당히 발달한다.
　첫째, "읽음으로써 읽는 법을 배운다"(굿먼, 스미스)라는 말이 사실이라면, 읽는 사람이 이해할 수 있는 언어로 읽는 법을 배우는 것이 더 쉽다. 즉, 모국어로 읽기를 배우는 것이 더 쉽다. 일단 읽기 능력을 획득하면 읽기 능력이 제2 언어로 전이된다. 심지어 쓰기 체계가 다른 경우에도 적용된다. 이 가설을 뒷받침하는 증거와 강력한 사례가 있다.

둘째, 1장에서 논의한 바와 같이 읽기는 교과 지식뿐만 아니라 세상에 관한 지식을 제공한다. 모국어를 통해 획득한 지식은 제2 언어를 이해하기 쉽게 해준다.

셋째, 즐겁게 책을 읽는 습관이 전이된다고 추측할 수 있다. 모국어로 재미있게 책을 읽는 사람은 외국어로도 재미있게 책을 읽는 사람이 될 것이다.

모국어로 리터러시와 교과를 가르치는 이중 언어 프로그램의 성공 사례에서, 모국어로 하는 읽기가 외국어 습득에 도움이 된다는 것을 확인시켜주는 증거가 나왔다. 이러한 이중 언어 프로그램은 하루 종일 아이들에게 영어만 가르치는 프로그램만큼이나 또는 그 이상으로 영어를 잘 가르쳤고, 이는 영어 교육에 더 효과적이었다.

자발적인 독서는 또한 모국어나 세습언어(Heritage Language, 영어가 제1 언어지만 부모의 언어가 영어가 아닌 경우)를 계속 향상시키고 싶은 사람들에게 상당한 도움을 준다. 일반적인 견해와 달리 외국에 살면서 모국어 사용 능력을 지속적으로 발달시키기는 상당히 어렵다. 가장 명백한 장벽은 입력 부족이다. 만약 집에서만 세습언어를 사용한다면 당연히 모국어 사용 능력을 발달시키는 데 한계가 있다. 또 다른 장벽은 덜 명백하지만 강력하다. 몇몇 세습언어 사용자들은 세습언어를 거부하고 회피하는 단계를 거치고, 세습언어 사용을 기피하기도 한다는 증거가 있다. 이렇게 감정적으로 자기 민족을 거부하는 사람들은 세습언어에 노출이 되든 안 되든 세습언어 능력이 향상되지 않을 것이다. 마지막으로, 세습언어 사용자가 모국어를 사용하려고 어눌하게 노력할 때 유창한 세습언어 사용자들이 교정을 해주고 심지어 비웃기도 한다. 이때 세습언어를 사용하려고 노력하는 사람들은 좌절감을 느낀다고 호소한다.

입력이 부족하거나 비웃음을 당하거나 부끄러워하는 사람들을 위한 해결책은 자발적인 책 읽기이다. 몇몇 연구는 자발적 독서가 세습언어 발전에 도움을 주는 것을 확인해준다. 쩌(Tse)는 "불가능하다고 생각했던 것을 이겨내고" 세습언어를 유창하게 사용하는 사람들은 세습언어로 된 책을 접할 수 있었고, 자발적인 독서로 즐겁게 책을 읽었다고 보고했다.

조경숙과 크라센은 2세 한국어 세습언어 사용자들 사이에서 세습언어 능력을 예측할 수 있는 4가지 독립적인 요인을 발견했다. 그것은 부모의 세습언어 사용, 한국 여행, TV 시청, 자발적인 읽기였다. 맥퀼란은 대학에서 스페인어 원어민을 위한 스페인어 수업에서 흥미로운 주제에 대한 토론과 즐거운 독서를 강조한 그룹이 전통적인 교수법으로 지도한 그룹보다 스페인어 읽기에 더 많은 의욕을 가지게 되었고 단어를 더 많이 알게 되었다고 보고했다.

모국어를 재미있게 읽는 것이 큰 도움이 될 수 있다고 말하기는 쉽다. 하지만 이것을 방해하는 주된 장벽이 있다. 책을 접할 기회가 거의 없다는 점이다. 미국에서 영어 능력이 부족한 아이들은 대부분 스페인어 사용자이다. 2장에서 지적한 바와 같이 유창하지 못한 영어와 스페인어를 사용하는 아이들은 가정에서나 학교에서 스페인어로 된 책을 거의 접하지 못한다.[7]

즐겁게 책을 읽을 때, 노력하지 않아도 **저절로** **언어 실력**이 는다

내가 내린 결론은 간단하다. 아이들이 즐기면서 책을 읽을 때, 아이들이 '책에 사로잡힐 때', 아이들은 부지불식간에 노력을 하지 않고도 언어를 습득하게 된다. 아이들은 훌륭한 독자가 될 것이고, 많은 어휘를 습득할 것이며, 복잡한 문법 구조를 이해하고 사용하는 능력이 발달되고, 문체가 좋아지고, 철자를 무난하게(완벽하지는 않겠지만) 써낼 것이다.

자발적인 독서가 최고 수준의 리터러시를 보장하지는 못하더라도 무난한 수준은 보장한다. 또한 어려운 텍스트를 다룰 수 있는 언어 능력이 길러질 것이다.[8] 자율적인 독서가 없다면, 아이들이 그 기회를 가지지 못할 것이라고 나는 생각한다.

우리가 책을 읽을 때 실제로 리터러시가 발달하게 되어 있다. 잘 읽는 사람이 문법, 철자 쓰기 등에 심각한 문제가 있는 경우는 거의 없다. 잘 읽는 사람들은 쓰기도 잘한다. 왜냐하면 그렇게 될 수밖에 없기 때문이다. 그들은 읽기를 통해 무의식적으로 좋은 문체를 습득하고 쓰기 영역의 모든 것을 습득한다.

그렇다고 내가 언어과목 프로그램을 자율적인 읽기만으로 구성하라고 제안하는 것은 아니다. 나는 교사가 지정한 목록을 읽는 것이 얼마나 중요한지, 교사와 사서, 학부모가 추천하는 목록을 읽는 것이 얼마나 가치 있는지 인식하고 있다. 나는 언어 수업시간은 기본적으로 문학 수업이 되어야 한다고 생각한다. 정해진 책 읽기와 스스로 골라 읽기는 상호보완 역할을 할 것이다. 문학을 통해서 학생들은 지적으로 성장할 것이며 더 많은 범위의 다양한 책에 노출될 수 있다. 그리고 스스로 책을 더 많이 읽게 된다. 사실상 문학 프로그램이 효과적인지 알 수 있는 방법은 문학 수업을 받은 학생들이 자율 독서를 더 많이 하는가에 달려 있다. 결국 자발적 독서는 언어 능력을 발달시키고, 지적 성장에 기여하며, 문학의 의미를 더 잘 이해하게 해준다.

프랭크 스미스가 지적했듯이 "언어 교육에 있어 우리의 문제는 원인과 결과를 혼동한다는 것이다." 우리는 먼저 언어 '기술(skill)'을 학습하고 나서 이 기술을 읽기나 쓰기에 적용한다고 생각한다. 그러나 두뇌의 활동은 그렇지 않다. 오히려 의미를 위한 읽기, 우리와 관련 있는 것에 관한 읽기가 문자 언어 발달의 원인이 되는 것이다.

이런 견해가 옳다면, 아이들을 위해 학교 안팎에 책이 풍부한 환경을 만들어줄 필요가 있다. 교사가 그런 환경을 만들면 교사의 일이 더 어려워지는 것이 아니라 더 쉬워진다. 교사는 결과가 더 만족스러울 것이라는 확신을 가질 필요가 있다.

교사가 학생들에게 책을 읽어주거나 조용히 읽기 시간에 교사 자신도 좋은 책을 편안히 읽고 있을 때, 행정가들은 교사가 자신의 할 일을 하고 있다는 것을 알아야 한다. 행정가들은 책이 많은 환경을 갖추는 것이 사치가 아니라 필수라는 것을 알 필요가 있다. (행정가들은 책이 풍부한 환경을 조성하는 데 비용이 많이 들지 않는다는 것을 알면 마음을 놓을 것이다. 왜냐하면 컴퓨터 몇 대를 살 돈이면 학교도서관이 훨씬 더 좋아질 수 있기 때문이다.)

책이 풍부한 환경을 만들고 나면 교사들은 더 편안하고 생산적인 하루를 보낼 수 있다. 학생들의 읽기와 언어 능력이 향상되고, 표준화 시험에서나 실생활에서 언어 능력을 발휘할 수 있도록 이끌어 줄 수 있다. 이런 사실을 알게 되면 행정가들도 만족해할 것이다.

학부모들은 서점에서 파는 문제집으로 공부할 때보다 책 읽기로 얻는 것이 더 많다는 것을 알아야 한다. 아이들은 부모가 즐겁게 책을 읽는 모습을 보면서, 그리고 만화책이나 소설책, 잡지 등을 읽으면서 참고서나 문제집을 풀 때보다 더 많은 것을 배운다.

마지막으로 독서가 즐거운 것이라는 데는 의문의 여지가 없다. 앞에서 살펴보았듯이 문헌 연구를 보면 아이들이 자유로운 독서에서 큰 즐거움을 얻고 있으며, 필독서와 연습문제가 따분하다는 것을 보여주는 보고서가 즐비하다(1장 참조). 당신에게 즐거움을 주는 것이 모두 이롭진 않지만, 읽고 쓰는 능력은 즐거울 때 가장 효과적으로 발달된다.

Note

1장

(1)
아래 연구는 표 1.1에 사용되었다.
7개월 보다 적은 연구 기간
긍정적: Wolf and Mikulecky 1978; Aranha 1985; Gordon and Clark 1961; Holt and O'Tuel 1989(중1 대상), Huser 1967(6학년 대상), Burley, 1980; Mason and Krashen 1997(연구1, Extensive Reading); Shin 2001.
차이 없음: Sperzl 1948; Oliver 1973, 1976; Evans and Towner 1975; Collins 1980; Schon, Hopkins, and Vojir 1984(Tempe); Sartain 1960 ("good readers" 그룹); Summers and McClelland 1982 (3 그룹); Huser 1967(4학년 그리고 5학년); Holt and O'Tuel 1989(중2); Reutzel and Hollingsworth 1991.
부정적: Lawson 1968; Sartain 1960("읽기 부진아" 그룹); San Diego County 1965.

7개월~1년간 연구 기간
긍정적: Fader 1976; Elley 1991(Singapore, P1 survey); Jenkins 1957; Manning and Manning 1984(peer-interaction 그룹); Bader, Veatch, and Eldridge 1987; Davis 1988(medium ability readers; Mason and Krashen 1997(대학 4학년, Extensive Reading); Mason and Krashen 1997(대학 2학년, Extensive Reading); Lituanas, Jacobs, and Renandya 1999(Extensive Reading).
차이 없음: Manning and Manning 1984(완전 SSR); Manning and Manning 1984(학생-교사 컨퍼런스 그룹); Schon, Hopkins, and Vojir 1984 (Chandler); Schon, Hopkins, and Vojir 1985(중1~중2); McDonald, Harris, and Mann 1966; Davis and Lucas 1971(중1~중2); Healy 1963; Davis 1998(high-ability readers)

1년 이상의 연구 기간
긍정적: Elley and Mangubhai 1983(4~5학년); Elley 1991(Singapore, sample of 512); Elley 1991(Singapore, P3 survey); Aranow 1961; Bohnhorst and Sellars 1959; Cyrog 1962; Johnson 1965.
변화 없음: Cline and Kretke 1980; Elley et al. 1976.

Davis(1988)의 연구에서 우수한 성과는 중간 능력 그룹(1년간의 향상)에서 나타났다. 그러나 책 읽기 그룹의 상위 읽기 집단은 비교집단과의 차이에서 통계적으로 의미가 있는 것은 아니었다. 그럼에도 불구하고 읽기 그룹의 상위 집단 학생들은 비교집단에 비해 추가적으로 백분위 수의 5포인트(5개월분의 향상)를 얻었다. 또한 상위 읽기 그룹 학생들이 통계적으로 유의미하게 나타나지 못한 것은 다음과 같이 설명할 수 있다. SSR은 아직 책 읽기에 익숙하지 않은 학생들에게 가장 효과적이다. 이미 읽기를 잘하는 학생들에게는 매일 몇 분씩 SSR 활동으로 읽기 능력이 향상될 수 있다고 확신할 수는 없다.

Cline과 Krete(1980)는 장기간 연구에서 읽기 능력은 변화가 없다고 보고하였다. 그러나 연구대상자들은 읽기 수준이 2년 앞서 있는 고등학교 학생이었고, 아마도 읽기 습관이 이미 형성되어 있었을 것이다.

Manning과 Manning의 연구(1984)에서 SSR 활동에 참가한 학생들은 비교집단보다 더 성적이 좋았다고 한다. 두 집단 간의 차이점은 통계적으로 유의미하지 않았다. 하지만 SSR이 전통적인 수업보다 훨씬 더 나았는데, 이는 SSR이 학생들이 서로 상호작용할 때, 즉 서로 책에 관해 토의하고 나누어 읽었을 때였다.

National Reading Panel(National Institute of Child Health and Human Development 2000)은 Burley(1980)의 연구에서 읽기가 보여주는 이점은 적다고 주장하였다. SSR 활동을 하는 학생들은 다른 세 가지 상황의 학생들과 비교되었다. 하나의 표준척도에서 보면 전체 F는 $2.72(p<.05)$, 또 다른 F는 $8.74(p<.01)$이었다. Burley는 단지 읽기를 한 학생들이 명백히 나아졌다고만 했을 뿐, 추가 비교집단과의 세부적 내용은 기록하지 않았다. 제시된 자료에서 효과의 크기를 산출하는 것은 불가능했다. National Reading Panel의 실험 처치가 단지 6주였다는 것, 그리고 읽기 시간이 단지 14시간이었다는 것을 고려했을 때 어떻게 그 차이점이 적다고 결론을 내렸는지는 분명하지 않다. 필자의 의문에 대한 응답으로 Shanahan(2000)은 "문제는 통계 처리에 있는 것이 아니라 연구 설계에 있다."라고 주장하였다. 4가지 실험 처치는 각각 다른 교사에 의해 행해졌고, 학생 그룹을 무작위로 구성하지는 않았다. 이 처치법의 차이점을 명백하게 교수(방법) 탓으로 돌리는 것은 불가능하다."

이것은 정확하지 않다. 학생들은 사실상 무작위로(Burley 1980, p.158) 구성되었고, 4명의 교사도 4그룹 중 한 그룹에 무작위로 선정되었다. 게다가 SSR 활동을 한 그룹은 다른 세 명의 교사에게 배웠던 3그룹에 비해 훨씬 우수하였다.

National Reading Panel(전국 읽기 패널)은 Holt와 O'Tuel(1989)의 연구는 책을 읽은 학생들과 비교집단 사이에 읽기에 있어서 어떤 차이도 없다는 것을 보여주는 것으로 해석하였다. 이 연구는 중1과 중2 두 표본 집단으로 구성되어 있다. 이 논문에 의하면, 전체의 표본에서 책을 읽은 학생들은 읽기 이해 시험에서 확연히 나았다. 또한 중2가 아니라 중1에서 확연한 차이가 있는 것으로 기술했다. 그러나 Holt와 O'Tuel 표2를 보면 중1의 독해력 결과는 크게 유의미하지는 않다. 사후 시험을 바탕으로 계산한 중1의 효과 범위(필자의 계산임)는 상당한 양인 .58이지만, 중2는 단지 .07일 뿐이다. NRP는 이러한 불일치에 대해 언급하지 않았다. 필자는 이 연구의 결론을 전원 일치하지 못한 판정으로 분류하였다.

(2)
Tsang(1996)은 24주 동안 계속된 방과 후 다독(extensive reading) 프로그램에 참여한 홍콩 중학교와 고등학교 학생들이, 비교그룹인 수학 프로그램에 있던 학생들보다 쓰기에서 더 나은 점수를 받았고, 또한 부가적으로 쓰기를 더 많이 한 학생보다 점수가 더 높았다고 보고하였다. 책을 읽은 학생들은 내용과 언어 사용 면에서 더 나은 점수를 얻었지만 어휘, 쓰기 내용 구성, 철자 등 쓰기 기술(mechanics: 철자 대문자나 구두점 사용 등)에서는 그렇지 않았다. Tsang은 어휘 증가가 없었던 것은 읽기 자료의 문제이거나(등급별 읽기자료, 교육적 내용이 담긴 책), 어휘 향상 정도를 찾아내기에 적절하지 않은 쓰기 과제 때문이거나, 주제가 새로운 어휘를 거의 필요로 하지 않기 때문일지도 모른다고 기록하였다.

Tudor와 Hafiz(1989), Hafiz와 Tudor(1990)에서도 SSR 경험 후 쓰기에 사용된 다양한 종류의 어휘 향상은 없었다고 보고했다. 과업의 성격이나 읽을거리의 제한점이 이러한 연구 결과를 설명할 수 있다. 더욱이 이런 모든 연구는 1년 미만의 비교적 짧은 기간 동안 이루어졌다.

Renandya, Rajan와 Jacobs(1999)는 싱가포르에서 두 달간 집중 영어코스 과정을 거친, 49명의 베트남 정부 공무원의 영어 향상 정도를 연구하였다. 집중 영어코스를 받기 전 그들의 영어 능숙 정도는 '하~중상' 정도였다.

영어코스 과정의 일부로 다독이 포함되어 있었다. 학생들은 적어도 20권의 영어책을 읽거나 800페이지 정도 되는 양을 읽어야 했다. 중요한 것은, 너무 어렵지 않고 재미있는 책을 여러 종류 읽도록 하였다. 책을 읽은 후에 학생들은 책 내용을 요약하였고 교사들은 쓰기 기술(mechanics)은 거의 강조하지 않고 학생이 요약한 내용에 대해 피드백을 주었다. 설문조사 결과에서 학생들이 읽기를 흥미 있고 이해하기 쉬우며 즐겁게 느낀 것으로 확인하였다.

Renandya 외 연구자들은 수업시간에 책을 가장 많이 읽은 학생들이 일반 영어시험(듣기, 읽기, 문법, 어휘)에서 가장 좋은 점수($r=.386$)를 얻었다고 보고했다. 이 예측 변수는 다중 회귀 분석에서도 같았다. 이것은 싱가포르에 오기 전에 읽은 영어책 같은 다른 요인을 고려하더라도 중요한 예측 변수가 되었다는 뜻이다.
이 연구는 통제 집단이 없음에도 불구하고 이 결과가 시사하는 바가 있다. 그것은 독서보다 더 효과 있는 다른 요소를 생각하기 어렵게 한다. 이 점은 다음과 같이 반론을 제기할 수도 있다. 예를 들어, 책을 더 많이 읽는 학생들은 전반적으로 모든 분야에서 더 의욕적이며 문법과 어휘를 더 열심히 공부했다. 그러나 나는 직접 문법을 공부하는 것이 더 효과적이라고는 할 수 없다고 주장한다. 마지막으로, 요약하여 쓰는 활동이 좋은 점수를 얻는 데 효과적이라고 논쟁할 수 있다. 그러나 Tsang의 결과에서 뿐만 아니라 3장에서 보았듯이 쓰기를 더 추가하는 것이 읽기의 힘을 더하는 것은 아니다.

[3]
Elley(1991)의 연구에서도 학교 자율 독서 반응에 대한 흥미 있는 토론이 포함되어 있다. 어떤 성인들은 읽기 그룹에 속한 학생들이 시험을 잘 볼 수 있을지 염려했다. Elley의 연구 데이터는 책을 읽은 학생이 시험을 잘 보며, 사실 문법을 공부한 학생보다도 시험에서 더 잘한다는 것을 확인해 준다. 나는 책을 읽는 학생들이 자연스레 시험을 잘 본다고 생각한다. 왜냐하면 읽기 덕분에 책을 읽은 학생들은 많은 쓰기 양식(관례)을 무의식적으로 흡수하거나 습득하게 되고, 그것을 부지불식간에 자동으로, 의도하지 않은 채 사용하게 된다. 읽기를 잘하는 학생들은 대부분 웬만큼 글을 잘 쓰며 글을 잘 못 쓰는 경우는 찾기 어렵다고 생각한다. 몇몇 어른들은 읽기 수업 시간에 참여하는 아이들이 '시간을 즐겁게만 보내고 있다'고 걱정한다. 안타깝게도 언어 습득은 매우 힘든 과정이라는 태도가 널리 퍼져 있기 때문이다.

[4]
미국 정부의 지원을 받는 The National Reading Panel(NPR)은 학교 내 읽기(in-school reading) 연구를 살펴본 후, 읽기 활동을 지지하는 확실한 증거가 없다는 놀라운 결론에 도달했다(National Institute of Child Health and Human Development 2000). 그러나 NRP 위원들은 학교 내 자율 독서 프로그램을 하는 학생들과 비교 집단을 둔 14개 연구만 찾을 수 있었고, 모두 1년 미만의 짧은 연구 기간이었으며, 이 주제로는 엄청나게 많은 연구 결과 보고에서 단 6페이지만 다루었다(음소 인식과 파닉스에 대한 연구에는 약 120페이지 가량 다룬 것에 비하여).
흥미롭게도 학교 자율 독서 프로그램은 NRP의 제한된 분석에도 불구하고 나쁘지 않았다. 학교에서 자율 독서를 한 학생들은 네 가지 연구에서 더 나았고, 더 나빠지지 않았다. 위에서 논의한 것처럼 차이가 없다는 연구 결과조차 자율 독서가 전통식 교수만큼은 좋다는 것과 자율 독서가 더 좋아하는 활동임을 제시한다. 왜냐하면 자율 독서는 더 즐겁고 리터러시 발달 외에 더 많은 이점을 제공하기 때문이다.

나는 NRP가 많은 연구를 살펴보지 않았으며 그들이 살펴본 연구 중 일부는 잘못 해석했다고 주장하고 있다.

(5)

이 연구에서 습득한 단어의 양은 어휘 증가나 성인 어휘 규모를 설명하기 불충분하다는 논쟁이 있다(Horst, Cobb, and Meara 1998; Waring and Takakei 2003). 5학년 아동이 책에서 백만 단어를 읽으면 1년에 수천 개의 어휘를 향상시킬 수 있다는 추정치는, 성인 어휘 규모를 설명하기에 충분하다. 백만 단어는 중학교 평균 읽기 양이다(Anderson, Wilson, and Fielding 1998). 만약 재미있는 읽기 자료가 있다면 이를 달성하는 것은 어렵지 않다. 예를 들어 만화책이 적어도 2천 단어를 포함하고 있고, 십대 로맨스 소설인 《Sweet Valley High》시리즈는 4~5만 단어를 포함하고 있다.

Horst, Cobb와 Meara(1998)는 2만 단어의 책을 읽은 후 피험자는 단지 5개의 단어를 습득했다고 보고했다. 1만 단어의 책을 읽었다고 할 때, 한 해에 250단어로 어휘 성장이 된다는 것이다. 하지만 이 연구의 절차는 특이했다. 여섯 번의 수업시간에 교사가 큰 소리로 이야기를 읽어 주고 학생들은 따라 읽었다. 이렇게 한 이유는 학생들이 전체 책 내용을 다 알게 하고 읽는 동안 사전을 찾지 못하게 하기 위해서였다. Horst 외 연구자들은 학생들이 '스토리에 몰입(p.211)하였다'고 확실히 말하였다. 그러나 이 방법은 학생들이 자신의 속도에 따라 읽을 수도 없고 쉬었다가 다시 읽을 수도 없다. 게다가 연구대상자들은 시험에 포함된 단어가 아니라 읽은 텍스트에서도 어휘를 습득할 수 있다. 이 연구에서는 이것이 가능할 수 있는데 왜냐하면 텍스트가 긴 내용을 사용했기 때문이다(다음에 논의하게 될 Waring과 Takakai의 연구에서는 제한된 어휘가 포함된 읽기 자료를 사용했기 때문에 그럴 가능성이 없다). 끝으로 Horst 외 연구자들이 적용한 평가에서 부분 점수는 주어지지 않았다.

Waring과 Takakei는 읽기 후 테스트를 한 연구에서 망각이 빠르게 일어난다고 보고했다. 연구대상자는 일본에 있는 대학생으로, 영어 수준이 중급 정도이며 약 6천개 단어가 포함된 graded reader(EFL 학생을 위한 난이도별로 구분된 읽기 자료)를 읽었다. 이 읽기 자료에는 25개의 단어가 대체 단어로 바뀌어 포함되었다(예: 'Yes'가 'yoot'로, 'beautiful'이 'smorty'로 대체). 대체된 단어는 1~18번까지 나타났다. 읽기는 1시간 정도였다. 테스트는 다 읽은 후 즉시 이루어졌는데, 선다형 문제에서 10개, 번역 문제에서는 5개를 맞혔다. 그러나 3달 후에는 선다형에서 6개, 번역 시험에서는 1개로 성적이 떨어졌다. 이 결과로 단어 실력이 늘었다고 설명할 수는 없다.

Waring과 Takakei가 말하는 단어 습득은 6천 단어가 포함된 책을 읽은 후 1단어, 백만 단어를 읽었을 때 200단어를 습득하는 것보다 더 적은 숫자로 나타난다.
이 연구 결과는 어휘 습득은 어휘가 분산되면 증가한다는 것을 제시한다. 즉, 단어가 여러 번 여기저기 펼쳐져 나타날 때 어휘 습득이 가장 잘 되고, 한 번에 조금씩 습득되는 것이다.
기억하기 위해서는 한꺼번에 많이 연습하는 것보다 분산적으로 연습하는 것이 더 효과적이라는 것을 보여준다. Bumstead(1943)가 Ebbinghouse의 연구를 그대로 다시 연구한 내용이 여기에 해당된다. 연구대상자들은 문단을(외우려고 하지 않았음) 시차를 두고 여러 번 읽었다. 만약 200줄의 시를 한 시간 간격을 두고 여러 번 읽는다면, 시를 기억하기 위해서는 24번 읽어야 한다고 한다. 총 읽기는 229분 소요된다. 만약 시간 간격이 48시간이라면, 10번만 읽게 되고 95분이 걸린다. 시간 간격이 192시간이라면, 8번 읽기와 77분이 걸린다. 그러므로 분산된 단어 노출은 3배 효과가 있다. 또한 매우 흥미로운 것은 뒤로 연기된 테스트에서 더 강력한 효과가 있다는 것이다 (Willingham 2002의 연구에서도 볼 수 있다).
자연스러운 텍스트에서 나오는 단어 역시 보통 분산적으로 나타난다. Warning과 Takakei의 연구에서 실험 처치는 한 시간에 많은 단어를 집중적으로 노출한 예다. 연구대상자들은 읽기 처치와 지연 테스트 사이 시간에는 목표 어휘를 접하지 않았다. 그 이유는 인공적으로 만들어진 단어이고, 보통 영어에 나오지 않는 것들이었기 때문이다. 이러한 점이 빨리 잊어버린다는 것을 설명하는 것이다.《Clockwork Orange》의 독자들이 nadsat라는 단어를 많이 접하였으나 3달 안에 그 단어가 기억 속에서 서서히 사라질 것이다: 망각현상은 Warning과 Takakei의 연구에서처럼 극적인 결과로 나타나지 않을 것이다. 책을 오랫동안 읽거나 여러 날에 걸쳐 읽은 것과 한 시간 안에 읽은 것은 대조가 되기 때문이다.
Swanborn과 de Glopper(1999)는 테스트에서 연구대상자들이 단어의 뜻을 어느 정도 알고 있으면 부분 점수를 준 여러 연구에서 어휘 학습 정도가 높게 나타난다는 것을 발견했다. 이러한 사실은 학습자가 단어를 문맥에서 볼 때, 많은 단어들이 동시에 학습되지 않는다는 것을 보여준다. 오히려 어휘 지식은 조금씩 느는 것이다. 언제나 단어를 접할 때면 잘 아는 단어, 잘 모르는 단어, 알 듯 말 듯한 단어가 있다. Twadell(1973)은 "이렇게 완전히 익숙하지 않은 단어와 완전하게 아는 단어 사이의 영역 안에서 모호한 단어가 매우 많다."고 지적했다(p.73). (참조 Wesche and Paribakht 1996의 연구에서 부분적으로 아는 어휘 측정 방법)
Warning과 Takakai는 번역 시험에서 부분 점수를 주기로 했으나 부분 점수를 받은 경우는 드물었다. 이것은 연구대상자들이 단어의 뜻을 추측하기 싫어했기 때문일 것이다. 또한 정답과 뜻이 비슷할 때만 부분 점수가 주어졌고 맞는 단어의 의미적 특징이 내포된 단어일 경우는 부분 점수를 부여하지 않았다. Warning과 Takakai는 사지선다형 시험에서 부분 점수 기준은 포함하지 않았다. 다시 말하면 의미상 헷갈리게 하는 오답과 정답은 겹치지 않았다. 앞서 주목한 바와 같이 다른 연구자들은 연구대상자가 정답과 의미상 부분적으로 겹치는 오답을 선택했을 때 부분 점수를 주었다. 부분 점수를 배려한 평가는 점수가 높아지고 어휘력이 증가되는 추정치와 맞을 것이다.

Laufer(2003)는 제2 언어를 배우는 성인 학생은 책 속의 단어 읽기보다는 문장과 글 속에서 새로운 단어를 사용하는 쓰기 활동으로 어휘 습득이 더 잘될 것이라고 주장했다. 그러나 그의 연구에서 연구대상자들에게 모르는 단어를 찾아보도록 사전을 제공하였다. 그러므로 그의 연구는 의식적으로 단어를 학습하는 여러 방법을 비교하는 것이었다. 학생들에게 사전을 이용하여 단어를 찾아보게 하거나 모르는 단어의 주석을 제공하면 읽기가 부자연스러워진다. 더불어 Laufer는 제2 언어의 어휘 발달을 위해서 읽기에 의존하는 데 반대하는 예외의 논쟁을 한다. 어휘력 향상을 위해서 필요한 읽기 양을 유지하는 것은 제한된 수업시간에 제공될 수 없다고 한다(2003의 연구, p.273).

그러나 실제로 이것은 읽기를 위한 논쟁이다. 왜냐하면 재미로 읽는 것은 외국어를 배우는 학생들이 교실과 교사의 도움 없이도 할 수 있는 몇 안 되는 활동이기 때문이다. 실제로 원어민의 지도 없이 언어를 배우는 학생들은 수업이 끝난 후에도 계속 읽을 수 있다. 따라서 학생들이 정규 언어 수업을 마친 후에도 문장 만들기 연습을 계속한다면 거의 희망이 없는 것이다.

(6)
Schatz와 Baldwin(1986) 연구에서 사용한 대부분의 문맥은 도움이 되지 않거나 촉진시키지 않는다. 독자들은 이러한 문맥에서 친숙하지 않은 단어를 성공적으로 습득할 수 없었다. 사용된 한 단락은 겨우 3문장으로 이루어졌다. 어떤 단어의 의미를 결정하는 것은 세 문장 이상의 문장이 필요하다. Schatz와 Baldwin이 제공한 예를 보자.

"He takes out an envelope from a drawer, and takes paper money from it. He looks at it ruefully, and then with decision puts it into his pocket, with decision takes down his hat. Then dressed, with indecision looks out the window to the house of Mrs. Lithebe, and shakes his head."(p. 443)

이 단락에서 'ruefully'라는 단어의 의미를 알기는 어렵다. 더 많은 문장과 인물에 대한 보다 깊은 이해, 이야기 속에서 일어난 일이 있으면 독자가 더 잘 이해할 수 있다. (참조《Clockwork Orange》연구의 논의 부분)

몇몇 연구자들은 문맥을 더 잘 이해할 수 있도록 텍스트를 다시 구성하여 단어 습득이 향상되도록 할 수 있었다. 이 연구에서 독자들이 비록 변형된 텍스트로부터 단어를 많이 습득할지라도 독자들은 여전히 변형되지 않은 텍스트로부터 상당한 양의 어휘를 습득한다(Herman et al. 1987; Konopak 1988).

(7)

Nisbet의 연구와 비슷한 결과인 Ormrod(1986)의 연구 참조. Gilbert의 연구(Gilbert 1934a, 1934b, 1935)는 독서를 통해 철자법이 향상된다는 것을 보여준 최초의 읽기 후 테스트를 한 연구이다.

(8)

책을 골라주고 읽게 하는 것은 어떠한가? 교사가 정해준 책이 만약 재미있거나 이해가 가능할 때는 리터러시 발달에 긍정적인 영향을 미칠 것으로 기대할 수 있다. 본 연구는 이 해석과 일치한다. Rehder(1980)는 고등학생들이 인기 있는 대중문학책을 한 학기 읽은 후 어휘, 독해력 시험에서 놀랄 만한 점수 향상이 있었던 것으로 보고했다. 이 과정에서 필독서가 있었고 일정 부분 자율 선택이 포함되었다(학생들은 목록에서 읽을거리를 선택할 수 있다).

Lao와 Krashen은 외국어로 영어를 배우는 학생들을 위한 연구에서 유사한 결과를 보고하였다. 그들은 한 학기 동안 인기 있는 대중문학 책을 읽은 홍콩 EFL 대학생들과 전통적 스킬 수업을 하는 학생들 사이에 읽기 향상 정도를 비교하였다. 읽기는 내용 이해와 흥미 위주 읽기를 강조하였다. 대중문학 읽기 수업에 속한 학생들은 6권의 소설을 읽고 할당된 책 5권, 자율 선택으로 1권을 읽었다. 대중문학 수업 그룹 학생들이 어휘와 읽기 속도에서 훨씬 뛰어났다. 연구자들은 실제로 학생들에게 재미있는 책을 할당하는 데 성공했다(참조 McQuillan 1994에서 논의됨).

그러나 모든 지정된 읽기가 주목할 만큼 흥미롭지는 않았다. O'brian은 5,6학년을 대상으로 한 연구에서 전통적 스킬 학습 프로그램이 많은 읽기 프로그램보다 월등히 나았다고 보고했다. 그러나 읽기 자료는 교사가 지정한 것으로 사회과학 토픽이었다. Worthy(1998)는 6학년 인터뷰에서 "모두 학교에서 지정해준 책을 읽었다. 몇 권 정도만 재미있었고 대부분 싫었다."(p.153). 2년 후, 고등학교 1학년인 한 소년은 언어 교실에서 할당된 책 읽기는 '지루하고 바보 같다'라고 묘사하였다(p.154). 두 소년은 모두 책을 스스로 열심히 읽는 학생이었다. Bintz(1983)는 교사가 생각하는 '소극적이고 읽기 싫어하는'(p. 611) 학생 몇 명은 독자적으로 열심히 읽는 학생들이었다고 서술했다. 이 학생들은 "지정된 책 읽기는 지루하다고 생각한다."라고 말했다. 고등학교 3학년 학생 중 한 명이 Bintz에게 말했다 "나는 학교에서 읽어야 했던 책은 많이 기억하지 못한다. 하지만 내가 선택해서 읽은 책은 거의 모두 기억한다."(p.610).
물론 학생들이 읽을 책을 지정하는 데는 이유가 있다. 그러나 자율적으로 책을 선택하여 읽는 것은 중요하다. 왜냐하면 자율적으로 골라 읽기를 하면 독자가 이해할 수 있고 진정으로 흥미롭기 때문이다.

(9)

Finegan은 예시를 제시한다. 'vagrant'와 'homeless'는 동의어이다. 그러나 homeless는 중립적이거나 긍정적인 반면에 vagrant는 정서적으로 부정적인 의미이다(p.187).

(10)

Cornman의 최신 데이터 분석은 Krashen과 White(1991) 참조.
우리는 Cornman의 결론이 기본적으로 맞는 것으로 확인했다. 작문할 때 철자 지도를 받지 않은 학생들이 철자 지도를 받은 학생들과 똑같이 잘했다. 의식적으로 배운 지식을 사용하도록 한 형식(목록에 제시된 단어, 문맥 밖에서)에 초점을 맞춘 테스트에서는 철자 지도가 효과가 있는 것을 발견했다. 이 결과는 최근 언어습득 이론과 일치한다(Krashen 2003a).

(11)

Krashen과 White(1991)가 Rice의 주장을 확인한 데이터 재분석 참조. Cornman의 연구를 재분석한 결과와 같이(1902; 참조 이 chapter의 note10) 철자 지도는 형식에 초점을 맞춘 시험에서 어느 정도 효과가 있다.

(12)

Cook은 규칙을 방금 공부한 학생들조차 그것을 기억하지 못한다고 보고했다. 그 규칙을 기억해낸 몇몇 학생들은 최근에 배운 것보다 더 간단한 버전의 규칙을 기억하고 있었다. "호기심을 불러일으키기에 충분한데, 대부분의 대학생들은 ie/ei 규칙의 버전을 의식적으로 사용하는데, Alice와 같은 단어에 의존하거나 11개 단어 중 한두 개의 단서가 되는 연상 기억(mnemonic) 장치(ie/ei규칙과 관련된)를 사용한다. 어떤 고등학교 신입생도 최근에 배운 철자 규칙을 말하지 못했고, 네 명은 거의 맞았고 3명의 상급생들은 배운 대로 상당한 규칙을 보여주었다. 그러나 아무거나 말한 대부분의 학생들은 거의 초기에 배운 것들('Alice' 같은 규칙)을 언급했다. 규칙은 처음 배울 때 굳어지는 경향을 더 보인다"(1912, p.322). (Alice의 규칙은 나에게 새로운 것이다. 이것은 'i'는 'c' 다음이 아니면 'e' 전에 온다는 사실을 작가들에게 상기시켜준다.)

[13]
Hanmmil, Larsen과 Mcnutt의 연구 결과는 철자법은 별도의 가르침 없이도 발달 가능하다는 강력한 증거이며, 예전 연구 결과들을 확인하였다.

[14]
Krashen(2003a)은 제2 언어 발달에서 직접 문법을 지도하는 데 한계가 있다는 증거를 보여준다.

[15]
Von Sprecken과 Krashen(2002)은 읽기 태도에 관한 조사를 한 연구들을 살펴보았다. 그 결과 대중이 생각하는 것과는 반대로, 아이들이 나이가 들더라도 읽기에 대한 흥미는 감소하지 않는다고 결론지었다. 나이가 더 많은 아동이나 청소년들은 어린 아동들보다 더 많은 시간적 압박을 느끼고, 다른 것에 관한 관심도 많으나 읽기에 관한 흥미는 강하게 남아 있다(참조 Bintz 1993).

[16]
한 집단에서 훌륭한 사색가들은 일반 대중에 비해 더 많이 책을 읽는 것으로 나타난다. 하지만 어떤 시점에서 읽기의 양과 사고 사이에 관계가 있는지는 그리 명확하진 않다. Goertzel, Goertzel과 Goertzel은《우리 시대의 저명한 인물들》(1963년 이후 출간된 Melon Park 도서관에 있는 인물 전기문) 300명을 살펴보았는데, 그들 중 거의 절반 정도가 다독가였다고 보고했다. Simonton(1984)이 이 데이터를 재분석한 결과 명성과 독서 양과의 상관관계는 단지 0.12 정도로 나타났다. Van Zelst와 Kerr(1951)은 과학자 집단(연령 조건이 고려된)에서 전문 학회지를 규칙적으로 읽는 수와 생산량(논문 출판수와 발명품)과의 상관관계는 보통 0.26 정도 된다고 밝혔다. 그들은 또한 독서와 생산성과의 관계는 이정곡선(bimodal curve)의 결과를 보인다고 했다. 이것은 논문 수가 적은 과학자들의 독서량이 상당히 많은 경우이다. 대체로 훌륭한 사색가들은 책을 많이 읽는데, 과도하게 많은 책을 읽을 가능성이 있다. Wallas(1926)는 이에 대해 "수동적인 근면한 읽기(p.48)가 문제 해결에 방해가 될지도 모른다."라고 지적한다.

그런 경우가 생기면 폭넓은 독서가 확실히 도움을 주지만, 여러분이 현재 어떤 문제를 해결하기 위해 책을 읽는다면, 선택적인 독서(selective reading)가 효과적이다. 즉 현재 작업하고 있는 특정한 문제를 해결하기 위해 필요한 책을 읽는 것이다. Brazerman(1985)은 이러한 생각을 지지할 수 있는 근거를 제시하고 있다. Brazerman은 최고의 권위를 가진 물리학자들의 독서 습관을 조사했다. 권위 있는 물리학자들은 독서를 많이 하고, 최근 연구를 따라잡기 위해 도서관을 자주 방문해 엄청난 양의 정보를 얻고 있다고 보고했다. 그러나 그들은 중요한 부분과 그렇지 않은 부분을 구분하여 읽었고, 당시 관심 있는 분야의 책을 주의 깊게 읽었다.

(17)
여러 연구를 보면 아이들 사이에 어휘력이 상당한 차이가 있다는 것을 알 수 있다. Smith(1941)는 고등학생들보다 더 많은 어휘를 알고 있는 1학년 아이들을 발견했다. Smith의 연구에 따르면 1학년 학생들은 5500~3만 2000개의 기본적인 단어를 알고 있고, 고등학교 3학년 학생들의 경우 2만 8200~7만 3200개의 단어를 알고 있다고 한다. 또 다른 연구는 더 엄격한 데이터를 제시하고 있지만, 아이들 사이에 큰 차이를 보이고 있다고 결론지었다. White, Graves와 Slater(1990)는 빈곤한 가정의 아이들보다 중산층 가정의 아이들이 50% 정도 더 많은 단어를 알고 있다고 한다(참조 Graves, Brunett, and Slater 1982).

2장

(1)
이 결과는 아래 요약되어 있다. 빈곤은 학업 성취도의 중요한 예측 요인이 된다. 아동 한 명당 책의 수, 도서관 사서의 수 역시 학업 성취도의 예측 요인이다. 몇몇 연구에서 이런 관계는 빈곤 요인이 통제된다 해도 유지된다. 하지만 다른 연구에서는 빈곤이 통제되지 않았을 때만 존재한다.

시험 성적의 예측

Study	Colo. II	Alaska	Pa.	Oreg.	Tex.	Ind.	Mass.	Iowa
	RC	RC,LA,M	RC	RC	RC	lit, M	LA,M,Sc	RC
빈곤	yes	yes	contr.	yes	yes	contr.	yes	yes
책	yes*	no	no	yes*	yes	yes	yes	yes**
사서	yes*	yes**	yes	yes*	yes	yes	yes	yes**

* = 책과 사서가 한 가지 요인으로 결합됨

** = 빈곤이 통제되지 않았을 경우에 차이가 나타남
RC = 읽기 이해
contr. = 통계적으로 통제됨
lit =리터러시; M = 수학; Sc = 과학; LA =영어(Language arts)
출처: 콜로라도(Colorado II)=Lance, Rodney, and Hamilton-Pennell(2000a); 알래스카(Alaska)=Lance, Hamilton-Pennell, Rodney, Petersen, and Sitter(1999); 팬실베이니아(Pennsylvania)=Lance, Rodney, and Hamilton-Pennell(2000b); 오리건(Oregon)=Lance, Rodney, and Hamilton-Pennell(2000); 텍사스(Texas)=Smith(2001); 인디애나(Indiana)=NCES(2000); 매사추세츠(Massachusetts)=Baughman(2000); 아이오와(Iowa)=Rodney, Lance, and Hamilton-Pennell(2002)

(2)
음소인식과 파닉스를 지나치게 강조하는 데 반대하는 부가적인 논쟁은 크라센을 참조(2002, 2003b): Smith(1994b)

(3)
Fry 공식은 100단어 중 3가지의 무작위 추출 샘플에 근거한다. 이들 3가지 샘플은 읽기 수준이 서로 다를 수가 있다. 예를 들면, 표 2.2에 있는 《인크레더블 헐크》의 세 샘플이 다른 것에 주목하자(5.5, 9.2, 1.9). Daniel Krashen은 9.2가 나온 샘플은 헐크의 분신인 브루스 배너(Bruce Banner)의 대사에 기초한 것일 수 있다고 말한다. 배너는 탐구 과학자이며, 그가 하는 말은 직업을 반영한다.

(4)
비록 학부모들과 교사들은 고전적인 만화책을 좀 더 인정한다 하더라도, 그것이 아이들에게 꼭 인기 있는 것은 아니라는 증거가 존재한다. Wayne(1954)은 297명의 중1에게 자신이 좋아하는 만화책을 고르도록 했다. 각자 15종류 중 4권을 골라야 했다. 고전적인 만화책은 15개 중 9위를 차지하였다. 아이들에게 예시적인 리스트가 주어지지 않은 상태에서 선호하는 만화책을 고르도록 했을 때는 고전적인 만화책은 전혀 언급되지 않았다(1954년 Witty와 Sizemore의 연구 참조). Michael Dirda는 만화책에 대한 열정을 담아내고 있는 독서 자서전에서 다음과 같이 언급하였다. "나는 사람들이 많이들 고르는 The Cloister and the Hearth와 같이 진지하고 훈육적인 내용을 전혀 좋아하지 않았다."(Dirda 2003, p.56)

(5)
사람들은 만화책에 그림이 있으면 아이들이 본문을 무시하게 되고, 그림이 읽기 학습을 방해할 것이라는 우려를 해왔다(Wertham 1954). 그러나 언어습득 가설에 의하면,

그림은 실제로 도움이 된다. 왜냐하면 그림은 익숙하지 않은 단어나 문법 구조를 이해할 수 있는 단서를 제공하기 때문이다. 다시 말하면 그림은 글을 더욱 쉽게 이해할 수 있도록 만든다(Krashen 1985).

십대 초반인 ESL 영어 습득자가 만화책 독자의 한 사람으로서 이렇게 말했다. "만화책에는 그림이 있어요… 색깔 있는 그림… 읽는 사람은 무슨 일이 일어나는지 이해하기 쉬워요."(Guofang, 2003년 Norton의 연구에서 인용됨, p.143)

그러나 몇몇 아이들은 텍스트는 무시하고 단지 그림만 본다. Baily(1959)는 5, 6학년 소년들 중 27%가 "그림에 주로 집중하는 것"을 알아냈다. 조용히 읽기 연구에서 Arlin과 Roth(1978)는 읽기 능력이 낮은 아이들은 높은 아이들보다 그림을 더 많이 보는 것으로 나타났다.

왜 몇몇 아이들은 그림만 볼까? 얼핏 보기에 그림 읽기 증후군은 이해하기 어렵다. 왜냐하면 대부분의 만화책에서 그림은 전체 내용을 말해 주지도 않을 뿐더러 아이들은 일반적으로 주변 글자를 무시하지도 않기 때문이다. 여기 몇몇 가능성이 있다.

매력적인 그림이 있는 어려운 내용: 독자는 이해하기 어려운 부분이 조금 있으면 견뎌내는 반면, 모르는 부분이 너무 많을 때는 이해하려는 시도조차 하지 않는다(Frebody and Anderson 1983). 2학년 아동은 아마도 X-Men이나 Negation 같은 비교적 복잡한 텍스트와 만화책에 나오는 이야기는 읽으려고 하지 않을지도 모르지만 그림에는 큰 흥미를 보일 수 있다.

읽기에 대한 잘못된 가정: 어떤 그림 읽기 독자는 텍스트의 중요한 부분을 상당히 많이 읽을 수 있을지도 모르지만 읽으려는 시도는 하지 않는다. 읽기에 대한 잘못된 추측이 읽으려는 시도를 좌절시킬 가능성이 있다. 학교에서 하는 '읽기 수업'으로 인해 아이들은 읽기 위해서는 텍스트의 모든 단어를 알아야 한다는 잘못된 인상을 받았을지도 모른다. 이러한 가정은 악순환을 낳는다. 책을 적게 읽으면 언어 능력이 발달할 기회와 더 많은 언어를 습득할 기회가 적어지는 것이다.

이는 단지 가능성일 뿐이다. Frank Smith는 그것이 사실이라면 아이들에게 만화책을 주지 않음으로써 그림 읽기가 치료된다는 것은 말이 되지 않는다고 지적했다. 만화책을 더 적게 읽는 것이 아니라 더 많은 만화책을 읽는 것이 해결 방법이 될 수 있다. 더 많은 노출을 경험함으로써 아이들이 새롭게 가진 흥미가 읽기를 자극할 수도 있다.

(6)

하나의 보고서가 두 개의 버전으로 나타난다: Vollands, Topping, Evans(1996)는 ERIC에 실린 보고서, Vollands, Topping, Evans(1999)는 약간 축약된 버전으로 학회지인 〈The Reading and Writing Quarterly〉에 실림. 이 보고서는 6개월 동안 진행된 2개의 독립된 연구를 담고 있다. 두 경우 모두 AR이 오락적 읽기(recreational reading)와 비교되었다고 주장하고 있다.

Vollands, Topping, Evans: 프로젝트 A: Krashen(2003d)이 자세히 논의한 것처럼, 이 연구는 AR에 관해 분명하게 지지하는 내용은 없다. 비교 그룹 아이들은 읽은 것에 관한 '글쓰기 피드백'을 제출해야 했고, AR 그룹은 교사가 책 읽어 주기 이외에 스스로 책을 골라 읽게 하였다. Jeff McQuillan는 (나와 개인적인 담화에서) SSR 시간에 소리 내어 읽기 시간을 더한다면 비교 그룹의 2850분에 비해 상당히 많은 양인 3225분의 이해 가능한 텍스트에 노출된다고 지적했다. 앞서 논의한 바와 같이 소리 내어 읽기는 리터러시 발달에 이바지하는 바가 크다.

결과는 분명하지 않다. AR 그룹이 독해력의 어느 한 부분과 읽기 정확성 평가에서 더 나은 결과를 얻긴 했지만, 또 다른 독해력 시험에서는 두 그룹 다 성적이 떨어졌다. 시험은 AR 그룹의 무작위 부표본(subsample)에게 주어졌다. 하지만 AR 그룹은 비교 그룹보다 성적이 적게 떨어진 것으로 나타났다.

이 연구는 AR과 오락적 읽기의 단독 비교가 아니다. 이것은 아이들이 읽은 것에 대해 책임을 지는 두 프로그램 간의 비교이고, AR 그룹의 아이들이 비교 그룹보다 이해 가능한 텍스트에 더 많이 노출되었다.

Vollands, Topping, Evans: 프로젝트 B: 이 연구에서 비교 그룹도 인센티브(장려) 프로그램에 참여했다. Vollands 외 연구자들은 "아동들이 책을 다 읽고 나면 자신의 이름이 공개된 차트에 적는 것이다"(1999, p.54)라고 말했다. 게다가 비교 그룹의 아이들도 소설책을 골라 소리 내어 읽게 하고, 읽기 후 독해력 문제를 풀어야 했다. 이것은 자발적 읽기가 아니다. 만약 비교 그룹에게 진정한 자율 독서를 하게 했다면, AR 아이들은 약간 더 이해할 수 있는 텍스트에 노출되었을 것이다(상세한 내용은 Krashen 200p).

이 연구에서 AR 아이들은 시험을 치고 보상은 받지 않았다. 하지만 받은 포인트를 다른 사람들이 볼 수 있도록 공개했다.

그 결과는 일치하지 않았다. 비교 그룹 아이들은 표준화된 독해 능력 시험(Edinburgh)에서 점수가 향상되었다. 그러나 AR 아이들도 다른 독해 능력 평가(Neale)에서 점수가 향상되었다. 반면에 비교 그룹 아이들은 Neale 평가에서 점수가 향상되지 않았다. 이것은 이상한 결과였는데, 비교 그룹 아이들이 '뛰어난 독자들'로 간주되었기 때문이다. 이 모순된 결과는 아마도 비교 아동 26명 모두와 거의 모든 AR 아동이 Edinburgh 시험을 쳤지만, Neale 이해평가에서는 무작위로 뽑은 11명의 AR 아이들과 12명의 비교그룹 아이들만 시험을 쳤다는 사실에서 기인할 것이다.

이 연구에서 많은 것을 결론짓기는 어렵다. 두 그룹 모두 비슷한 장려책(인정해줌)이 주어졌고 테스트 결과는 혼합되어 나타났다.

Facemire(2000) 역시 오락적 읽기에 참여한 비교 그룹을 사용했다. AR은 서 버지니아(West Virginia)의 아주 가난한 지역 3학년 아동 15명을 대상으로 적용했다. AR 아이들은 9주 동안 5개월에 얻을 수 있는 성적이 향상되었고, 비교 아동들은 3개월을 더 얻었다. 이 연구는 올바른 방향으로 가는 중요한 단계이나 몇 가지 문제가 있다. 첫째, AR 아동들이 비교 그룹보다 책을 더 읽은 것 같다. 비교 아동들은 정확히 20분을 가진 반면, AR 아동들은 SSR에 하루 '최소' 20분을 가졌다. 그리고 비교 아동들이 도서관에 접근할 수 있었지만, AR 아동들은 정기적으로 일주일에 80분 도서관 방문 스케줄이 짜여 있었다.

둘째, 각 그룹에는 정상분포에서 벗어난 아동이 한 명씩 있었다. AR그룹은 9주에 2.3년의 효과를 거둔 한 명의 아동이 포함되어 있었고, 비교 그룹은 9주 동안 1년 이상 뒤처지면서 읽기 영역에서 전보다 훨씬 떨어진 한 명의 아동이 포함되어 있었다. 만약 우리가 이 예외적인 아동들을 제외한다면 AR 그룹은 4개월분 향상 효과를 얻었고, 비교 그룹은 3개월 반으로 두 그룹은 거의 같다.

(7)

일본에서 이루어진 EFL 학생에 관한 연구는(Kitao, Yamamoto, Kitao, and Shimatani 1990) 일반적인 의미의 장려책은 책 읽기에 효과가 없다는 재미있는 통계를 포함한다. 그들은 교과목 필수로 graded reader(등급별로 나누어진 EFL 학생들을 위한 읽기 자료)를 읽은 학생들과 추가 점수를 위해 책을 읽은 학생들을 비교하였다. 모든 학생들은 점수를 얻기 위해 독서 감상문을 제출해야 했다. 등급별로 나누어진 읽기 자료 220권을 제공하였다.

필수로 읽은 학생들은 할당된 부분만 읽었다. 93명 중 92명이 할당된 읽기를 하였고, 그들 중 87명은 책을 한 권만 읽었다. 추가 점수를 받을 수 있는 207명 중 69명만이 독서 감상문을 제출하였다. 독서 감상문을 제출한 학생 한 명당 평균 읽은 책은 2권(2.2)이 약간 넘었다.

왜 이런 좋지 않은 결과가 나왔을까? 그 이유로 몇 가지가 있을 수 있다.

① 독서 감상문이 읽기에 대한 호감도를 떨어지게 만들었다.

② 단순히 책이 재미가 없었다. 비록 학생들이 책이 재미있다고 응답했더라도(1~6 scale에서 평균 4.4) '재미'가 독자들이 책을 읽는 이유는 아니다. 무엇이 책을 읽는 동기가 되었느냐고 학생들에게 물었을 때, 5명만 재미있는 책을 첫 번째 이유로 답했고, 17명이 독서 감상문을 두 번째 이유로 답했다.

③ 학생들은 학교 밖에서 책을 읽을 시간이 거의 없었다. 책을 읽지 않는 학생에게 왜 읽지 않느냐고 물어보자 128명 중 70명이 '너무 바빠서'를 첫 번째 이유로 들었고, 37명이 독서 감상문을 두 번째 이유로 언급했다.

우리가 내릴 수 있는 결론은 대학생들에게 성적이나 추가 점수를 위해 독서 감상문을 요구하는 단계별 독서는 눈부신 성과를 만들어내지 못한다는 것이다.

3장

(1)
Smith-Goodman의 "읽기는 예측한 것을 확인하는 과정"이라는 견해는 도전을 받아 왔다. 이에 관한 논의와 비평한 내용에 대한 응답은 Karshen(1999) 참조.

(2)
Smith의 가설은 우리 중 몇몇이 이러한 스타일로 쓴 다량의 읽기에도 불구하고, 이 스타일로 설득력 있게 쓰는 것 같지 않은 이유에 대해 설명한다.
나는 폭넓게 읽었지만, 여러분이 지금 읽고 있는 글처럼 학문적 스타일(또는 잘해야 변형된 학문적 쓰기)로만 편안하게 쓸 수 있다. 내가 속한 쓰기 클럽을 생각하면서 쓴 글이다. (나는 심지어 내가 쓴 사적인 편지를 학회지 논문처럼 읽었다는 말을 들었다.) 또한 Smith의 가설은 우리가 존경하는 작가의 글을 어느 정도 읽는 것이 왜 우리의 쓰기 스타일에 영향을 미칠 수 있는가를 설명한다.

(3)
쓰기가 사고를 돕는다는 확실한 증거는 Robert Boice의 연구다. Boice(1983)는 정기적으로 계획된 쓰기는 '즉흥적인'(글쓴이가 쓰고 싶다고 느꼈을 때 쓴) 쓰기를 한 것보다 더 창조적인 생각을 하도록 하고 더 많이 쓰도록 북돋운다고 결론을 내렸다. Boice는 몇 가지 상황에서 대학생들에게 쓰기를 하도록 했다. 몇 주 동안 전혀 쓰기를 하지 않는 상황(통제집단), 쓰고 싶다고 느꼈을 때만 쓰는 상황, 매일 정기적으로 쓰는 상황이었다. 연구대상자에게는 쓴 쪽수와 창의적이고 새로운 아이디어를 기록

하도록 하였다.
정기적으로 매일 글을 쓴 그룹과 쓰고 싶을 때만 글을 쓴 그룹을 비교했을 때, 전자가 새로운 생각과 글을 쓴 쪽수가 2배가 된다는 결론이 내려졌다. 통제집단은 새로운 생각이 가장 적다고 보고되었다.

Boice는 그의 논문에서 많지 않은 양을 매일 규칙적으로 쓸 것을 추천하였다(특히 Boice 1994 참조). 이것이 효과가 있다는 것에는 의심의 여지가 없다. Boice의 제안을 따르지 않았다면 나도 이 책을 결코 완성할 수 없었을 것이다.

(4)
아이들이 무엇을 시청하느냐가 얼마나 읽었는가와 관련이 있다는 논리적인 가설을 뒷받침할 몇 가지 증거가 있다. 다른 연구들과 일치하는 것으로, Zuckeman, Singer과 Singer(1980)의 연구는 TV를 시청하는 시간과 읽기를 하는 시간은 전적으로 관계가 없음을 밝혔으나, '폭력적인 공상물'을 많이 시청하는 아동은 책을 덜 읽는 경향이 있다고 밝혔다. 또한 Schramm, Lyle와 Parker(1961)는 TV 시청과 독서는 아무런 관련이 없음을 보고했으나 TV를 많이 보는 아동은 만화책을 더 적게 읽는다고 밝혔다 (Murray와 Kippax 역시 1978년에 유사한 결과를 보였다. 그러나 1986년에 Williams와 Boyes는 TV 시청과 만화책 읽기 사이에 약간의 긍정적인 상호관계가 있음을 밝혔다).

(5)
note 4에서 언급했듯이 '폭력적인 공상물' 프로그램을 더 많이 시청하는 아동은 책을 덜 읽는다는 결과를 보여주는 연구들이 있다. Cleary(1939)는 1930년대 라디오의 영향은 오늘날 TV의 영향과 거의 유사하다고 말했다. Cleary는 "라디오 청취가 읽기의 질과 양을 심각하게 제한하지는 않는다"라고 밝혔다(p.126). 하지만 많은 시간(하루에 3시간 이상) 청취하는 사람들은 책을 적게 읽는다(그러나 더 많은 신문과 잡지를 읽는다). 라디오를 조금 듣는 사람들도 읽기에 흥미를 거의 갖지 않았다. Cleary는 한 주에 3편 이상씩 영화를 보는 사람들은(표본 중 5%) 책을 더 많이 읽고 더 질 높은 책을 읽었다.

(6)
대중적인 의견과는 달리, 컴퓨터 사용은 읽기와의 상관관계에서 다소 긍정적으로 보인다. Robinson과 Godbey(1977)는 긍정적으로 보고했으나 성인에게 있어 컴퓨터를 사용하는 양과 책을 읽는 데 보내는 시간 사이의 상호 연관성은 적었다. 컴퓨터를 더 많이 사용하는 것은 책을 더 많이 읽는 것과 관련이 있다. 이것은 연구자들이 사회 계층을 통제했을 때도 상당한 관련성을 보인다. 사회 계층을 통제한 것이 중요한데, 소득이 높은 사람들은 더 쉽게 컴퓨터를 접하고 더 많은 책을 읽을 것이기 때문이다. 매우 흥미로운 것은 그 관계가 또한 컴퓨터를 이용하는 다양한 목적과도 관련이 있다는 것이다. 문서 작업이나 재정적 목적으로 컴퓨터를 사용하거나 컴퓨터 게임하기(!)도 책 읽는 시간과 긍정적인 상관관계가 있다. 컴퓨터를 하는 시간과 TV를 시청하는 시간은 부정적인 상관관계가 있으나, 그 연관성은 적다. 최근 갤럽 여론조사 결과(2002. 갤럽) 컴퓨터는 책 읽는 시간을 빼앗지 않음을 확인했다. 정기적으로 컴퓨터를 사용하는 사람들은 그렇지 않은 사람들보다 더 많은 시간을 책 읽기에 보낸다.

(7)
Pucci와 Ulanoff(1996)는 32개 학교 사서들을 조사했다. 54%는 스페인어로 된 책을 구입하기가 어렵다고 말했고, 70%는 "가격이 너무 비싸다"라고 말했다. 도서관 구입용으로 승인된 읽기 목록 5000권 중에 단 300권만이 스페인어 책이었다. Pucci와 Ulanoff는 "만약 이 책들 중에 나이에 적절하게 맞는 책이 있다면, 일주일에 2권씩 책을 읽는 아이는 4학년에 들어가기 전에 도서관에서 스페인어로 된 책을 다 읽을 수 있을 것이다."라고 말했다(p. 114).

(8)
2장과 note 6에서 언급했듯이, 장르 간에 차이점이 명확하다. 그러나 겹치는 부분도 있다. 어떤 장르를 읽는 것은 다른 장르를 이해하는 데 도움이 된다.
《Sweet Valley High》 소설을 100권 읽은 학생들이 중3 세계사를 듣게 되면, 즐거움을 위한 읽기를 하지 않았거나 책을 아주 조금 읽은 학생보다 역사를 더 잘 이해할 수 있을 것이다. 그리고 《Harry Potter》 전 권을 읽은 사람들은 거의 어려움이 없을 것이다 (이 글을 쓸 때는 5권이 출판되었다).

Reference

Alexander, F. 1986. California assessment program: Annual report. Sacramento: California State Department of Education.

Allen, L., J. Cipielewski, and K. Stanovich. 1992. Multiple indicators of children's reading habits and attitudes: Construct validity and cognitive correlates. Journal of Educational Psychology 84: 489-503.

Allington, R. 1980. Poor readers don't get to read much in reading groups. Language Arts 57: 872-876

Allington, R., S. Guice, K. Baker, N. Michaelson, and S. Li. 1995. Access to books : Variations in schools and classrooms. The Language and Literacy Spectrum 5: 23-25.

Anderson, R., P. Wilson, and L. Fielding. 1988. Growth in reading and how children spend their time outside of school. Reading Research Quarterly 23: 285-303.

Applebee, A. 1978. Teaching high-achievement students: A survey of the winners of the 1977 NCTE Achievement Awards in writing. Research in the Teaching of English 1: 41-53.

_____. 1984. Writing and reasoning. Review of Educational Research 54: 577-596.

Applebee, A., J. Langer, and I. Mullis. 1986. The writing report card. Princeton, N.J.: Educational Testing Service.

Applebee, A., J. Langer, I. Mullis, L. Jenkins, and M. Foertsch. 1990. Learning to write in our nation's schools: Instruction and achievement in 1988 at grades 4, 8, and 12. Princeton, N.J.: Educational Testing Service.

Appleby, B., and J. Conner. 1965. Well, what did you think of it? English Journal 54: 606-612.

Aranha, M. 1985. Sustained silent reading goes east. Reading Teacher 39: 214-217.

Aranow, M. 1961. A study of the effect of individualized reading on children's reading test scores. Reading Teacher 15: 86-91.

Arlin, M., and G. Roth. 1978. Pupil's use of time while reading comics and books. American Educational Research Journal 5: 201-216.

Arnold, L. 1964. Writer's cramp and eyestrain—are they paying off? English Journal 53: 10-15.

Asimov, I. 2002. It's been a good life. New York: Prometheus Books.

Bader, L., J. Veatch, and J. Eldridge. 1987. Trade books or basal readers? Reading Improvement 24: 62-67.

Bailey, A. 1969. How parents feel about individualized reading. In Individualized reading: Readings, ed. S. Duker. Metuchen, N.J.: Scarecrow, pp. 325-330.

Bailyn, L. 1959. Mass media and children: A study of exposure habits and cognitive effects. Psychological Monographs 73: 201-216.

Baughman, J. 2000. School libraries and MCAS scores. Available: http://artemis.simmons.edu/~baughman/mcas-school-libraries.

Beck, I., M. McKeown, and E. McCaslin. 1983. Vocabulary development: Not all contexts are created equal. Elementary School Journal 83: 177-181.

Beentjes, J., and T. Van der Voort. 1988. Television's impact on children's reading skills: A review of the research. Psychological Monographs 73: 201-216.

Biber, D. 1986. Spoken and written textual dimensions in English. Language 62: 384-414.

Bintz, W. 1993. Resistant readers in secondary education: Some insights and implications. Journal of reading 36(8): 604-615.

Blakely, W. 1958. A study of seventh grade children's reading of comic books as related to certain other variables. Journal of Genetic Psychology 93: 291-301.

Blok, H. 1999. Reading to young children in educational settings: A meta-analysis of recent research. Language Learning 49 (2): 343-371.

Blosser, B. 1988. Television, reading and oral language development: The case of the Hispanic child. NABE Journal 13: 21-42.

Bohnhorst, B., and S. Sellars. 1959. Individual reading instruction vs. basal textbook instruction: Some tentative explorations. Elementary English 36: 185-202.

Boice, R. 1983. Contingency management in writing and the appearance of creative ideas: Implications for the treatment of writing blocks. Behav-ioral Research Therapy 21 (5): 537-43.
———. 1994. How Writers journey to comfort and fluency. Westport, Conn.: Praeger.

Brandenburg, G. 1919. Some possibly secondary factors in spelling ability. School and Society 9: 632-636.

Brassell, D. 2003. Sixteen books went home tonight: Fifteen were introduced by the teacher. The California Reader 36 (3): 33-39.

Brazerman, C. 1985. Physicists reading physics: Schema-laden purposes and purpose-laden schema. Written Communication 2: 3-43.

Brocka, B. 1979. Comic books: In case you haven't noticed, they've changed. Media and Methods 15: 30-32.

Brown, J., J. Cramond, and R. Wilde. 1974. Displacement effects of television and the child's functional orientation to media. In Children's understanding of television, ed. J. Bryant and D. Anderson. New York: Academic Press, pp. 1-33.

Burger, S. 1989. Content-based ESL in a sheltered psychology course: Input, output, and outcomes. TESL Canada 6: 45-59.

Burley, J. 1980. Short-term, high intensity reading practice methods for upward bound students: An appraisal. Negro Educational Review 31(3-4): 156-161.

Burton, S., J. Calonico, and D. McSeveney. 1979. Effects of preschool television watching on first-grade children. Journal of Communication 29(3): 164-170.

Bus, A., M. Van Ijzendoorn, and A. Pellegrini. 1995. Joint book reading makes for success in learning to read: A meta-analysis on intergenerational transmission of literacy., Review of Educational Research 65: 1-21.

Busch, J. 1978. Television's effects on reading: A case study. Phi Beta Kappan 59: 668-671.

Business Week Online. 2002. Comics clamber back from the brink. Available: http://businessweek.com/bwdaily/dnflash/aug2002/nf20020829_2344.htm.

Bustead, A. 1943. Finding the best method for memorizing. The Journal of Educational Psychology 34: 110-114.

Camiciottoli, B. C. 2001. Extensive reading in English: Habits and attitudes of a group of Italian university students. Journal of Research in Reading 24(2): 135-153.

Campbell, C., D. Griswald, and F. H. Smith. 1988. Effects of tradebook covers (hardback or paperback) on individualized reading choices by elementary-age children. Reading Improvement 25: 166-178.

Campbell, D., and J. Stanley. 1966. Experimental and quasi-experimental designs for research. Chicago: Rand McNally.

Carlsen, G. R., and A. Sherrill. 1988. Voices of readers: How we come to love books. Urbana, Ill.: NCTE.

Carson, B. 1990. Gifted hands. Grand Rapids, Mich.: Zondervan Books.

Carter, C. 1988. Does your child love to read? Parade Magazine, April 3.

Cho, G., and S. Krashen. 2000. The role of voluntary factors in heritage language development: how speakers can develop the herigage language on their own. ITL: Review of Applied Linguistics 127-128: 127-140.

Cho, K. S., and S. Krashen. 1994. Acquisition of vocabulary from the Sweet Valley High Kids series: Adult ESL acquisition. Journal of Reading 37: 662-667.

———. 1995a. From Sweet Valley Kids to harlequins in one year. California English 1(1): 18-19.

———. 1995b. Becoming a dragon: Progress in English as a second language through narrow free voluntary reading. California Reader 29: 9-10.

———. 2002. Sustained silent reading experiences among Korean teachers of English as a foreign language: The effect of a single exposure to interesting, comprehensible reading. Reading Improvement 38(4): 170-174.

Chomsky, N. 1965. Aspects of the theory of syntax. Cambridge, Mass.: MIT Press.

Cipielewski, J., and K. Stanovich. 1990. Assessing print exposure and orthographic processing skill in children: a quick measure of reading experience. Journal of Educational Psychology 82: 733-740.

Cleary, F. 1939. Why children read. Wilson Library Bulletin 14: 119-126.

Cline, R., and G. Kretke. 1980. An evaluation of long-term SSR in the junior high school. Journal of Reading (March): 503-506.

Cline, Z., and J. Necochea. 2003. My mother never read to me. Journal of Adolescent and Adult Literacy 47 (2): 122-126.

Cocks, J. 1988. The passing of Pow! and Blam! Comics grow up, get ambitious, and turn into graphic novels. Time Magazine, January 25.

Coffin, T. 1948. Television's effect on leisure-time activities. Journal of Applied Psychology 32: 550-558.

Cohen, K. 1999. Reluctant eighth grade readers enjoy sustained silent reading. California Reader 33(1): 22-25.

Cohen, Y. 1997. How reading got me into trouble. Class paper, Trenton State University, Summer.

Coles, G. 2003. Reading the naked truth: Literacy, legislation, and lies. Portsmouth, N.H.: Heinemann.

Collins, C. 1980. Sustained silent reading periods: Effects of teachers' behaviors and student's achievements. Elementary School Journal 81: 109-114.

Comstock, G., and H. Paik. 1991. Television and the American child. New York: Academic Press.

Constantino, R. 1994. Immigrant ESL high school students' understanding and use of the school and public library. SCOPE Journal 93: 6-18.

———. Minority use of the library. California Reader 28: 10-12.

Constantino, R., S. Y. Lee, K. S. Cho, and S. Krashen. 1997. Free voluntary reading as a predictor of TOEFL scores. Applied Language Learning 8: 111-118.

Cook, W. 1912. Shall we teach spelling by rule? Journal of Educational Psychology 3: 316-325.

Cornman, O. 1902. Spelling in the elementary school. Boston: Ginn.

Corteen, R., and T. Williams. 1986. Television and reading skills. In The impact of television, ed. T. M. Williams. New York: Academic Press, pp. 39-86.

Csikszentmihalyi, M. 1991. Flow: The psychology of optimal experience. New York: HarperPerennial.

Cummins, J. 1981. The role of primary language development in promoting educational success for language minority students. In Schooling and language minority students. Sacramento: California Department of Education, pp. 3-49.

_____. 1996. Negotiating identities: Education for empowerment in a diverse society. Los Angeles: California Association for Bilingual Education.

Cunningham, A., and K. Stanovich. 1990. Assessing print exposure and orthographic processing skill in children: A quick measure of reading experience. Journal of Educational Psychology 82: 733-740.

Curtiss, H., and E. Dolch. 1939. Do spelling books teach spelling? Elementary School Journal 39: 584-592.

Cyrog, F. 1962. Self-selection in reading: Report of a longitudinal study. In Claremont reading conference: 26th yearbook, ed. M. Douglas. Claremont, Calif.: Claremont Graduate School, pp. 106-113.

Daly, J., and D. Wilson. 1983. Writing apprehension, self-esteem, and personality. Research in the Teaching of English 17: 327-341.

Davis, F., and J. Lucas. 1971. An experiment in individualized reading. Reading Teacher 24: 737-743, 747.

Davis, Z. 1998. A comparison of the effectiveness of sustained silent reading and directed reading activity on students' reading achievement. The High School Journal 72(1): 46-48.

Day, R., C. Omura, and M. Hiramatsu. 1991. Incidental EFL vocabulary learning and reading. Reading in a Foreign Language 7(2): 541-551.

Degrotsky, D. 1981. Television viewing and reading achievement of seventh and eighth graders. ERIC Document No. ED 215 291.

Denton, K., and J. West. 2002. Children's reading and mathematics achievement in kindergarten and first grade. Washington, D.C.: National Center for Educational Statistics.

Di Loreto, C., and L. Tse. 1999. Seeing is believing: Disparity in books in two Los Angeles area public libraries. School Library Quarterly 17(3): 31-36.

Dirda, M. 2003. An open book. New York: Norton.

Doig, D., and A. Blackmore. 1995. Leisure reading: Attitudes and practices of Australian year 6 children. Australian Journal of Language and Literacy 18(3): 204-217.

Dorrell, L., and E. Carroll. 1981. Spider-Man at the library. School Library journal 27: 17-19.
Dressel, P., J. Schmid, and G. Kincaid. 1952. The effects of writing frequency upon essay-type writing proficiency at the college level. Journal of Educational Research 46: 285-293.

Duggins, J. 1976. The elementary self-contained classroom. In The new hooked on books, ed. D. Fader. New York: Berkeley Books, pp. 181-190.

Duin, J. 2002. Comics still flying high. The Washington Times, February 6.

Duke, N. 2000. For the rich it's richer: Print experiences and environments offered to children in very low- and high-socioeconomic status first-grade classrooms. American Educational Research Journal 37(2): 441-478.

Dulay, H., and M. Burt. 1977. Remarks on creativity in second language acquisition. In Viewpoints on English as a second Language. ed. M. Burt, H. Dulay, and M. Finnocchiaro. New York: Regents, pp. 95-126.

Dulay, H., M. Burt, and S. Krashen. 1982. Language two. New York: Oxford University Press.

Dupuy, B. 1997. Voices from the classroom: Students favor extensive reading over grammar instruction and practice, and give their reasons. Applied Language Learning 8(2): 253-261.

_____. 1998. Cercles de lecture: Une autre approche de la lecture dans la classe intermédiaire de francais langue étrangreèe. The canadian Modern Language Review 54(4): 579-585.

Dupuy, B., and S. Krashen. 1993. Incidental vocabulary acquisition in French as a foreign language. Applied Language Learning 4(1,2): 55-63.

Elbow, P. 1973. Writing without teachers. New York: Oxford University Press.

Eller, R., C. Pappas, and E. Brown. 1998. The lexical development of kindergartners: Learning from written context. Journal of Reading Behavior 20: 5-24.

Elley, W. 1984. Exploring the reading difficulties of second language learners in Fiji. In Reading in a second language, ed. J. C. Alderson and A. Urquart. New York: Longman, pp. 281-301.

_____. 1989. Vocabulary acquisition from listening to stories. Reading Research Quarterly 24: 174-187.

_____. 1991. Acquiring literacy in a second language: The effect of book-based programs.

Language Learning 41: 375-411.

_____. 1992. How in the world do students read? Hamburg: The International Association for the Evaluation of Educational Achievement.

_____. 1994. IEA study of reading literacy. Amsterdam: Elsevier Science.

_____. 1998. Raising literacy levels in third world countries: A method that works. Culver City, Calif.: Language Education Associates.

Elley, W., I. Barham, H. Lamb, and M. Wyllie. 1976. The role of grammar in a
Elley, W., and F. Mangubhai. 1983. The impact of reading on second language learning. Reading Research Quarterly 19: 53-67.

El-Shabbaz, E. 1964. The autobigraphy of Malcolm X. New York: Ballantine.

Emery, C., and M. Csikszentmihalyi. 1982. the socialization effects of cultural role models in ontogenetic development and upward mobility. Child Psychiatry and Human Development 12: 3-19.

Evans, H., and J. Towner. 1975. Sustained silent reading: Does it increase skills? Reading Teacher 29: 155-156.

Evans, P., and N. Gleadow. 1983. Literacy: A study of literacy performance and leisure activities in Victoria, BC. Reading Canada Lecture 2: 3-16.

Facemire, N. 2000. The effect of the accelerated reader on the reading comprehension of third graders. ERIC Document No. ED 442 097

Fader, D. 1976. The new hooked on books. New York: Berkeley Books.

Fadiman, C. 1947. Party of one: The selected writings of Clifton Fadiman. Cleveland: World Publishing.

Fairbank, Maslin, Maullin and Associates. 1999. California Statewide Poll, Job #620-157. Santa Monica, Calif.: California Opinion Research.

Farrell, E. 1982. SSR as the core of junior high school reading program. The Reading Teacher 36: 48-51.

Fasick, A. 1973. Television language and book language. Elementary English 50: 125-131.

Feitelson, D., B. Kita, and A. Goldstein, 1986. Effects of listening to series stories on first graders' comprehension and use of language. Research in the Teaching of English 20: 339-355.

Filback, R., and S. Krashen. 2002. the impact of reading the bible and studying the bible on biblical knowledge. Knowledge Quest 31(2): 50-51.

Finegan, E. 1999. Language: its structure and use. 3d ed. New York: Harcourt Brace.

Flurkey, A., and J. Xu, eds. 2003. On the revolution in reading: The selected writings of Kenneth S. Goodman. Portsmouth, N.H.: Heinemann.

Foertsch, M. 1992. Reading in and out of school. Washington, D.C.: U.S. Department of Education.

Frebody, P., and R. Anderson. 1983. Effects of text comprehension of differing proportions and locations of difficult vocabulary. Journal of Reading Behavior 15: 19-39.

Gadberry, S. 1980. Effects of restricting first graders' TV-viewing on leisure time use, IQ change, and cognitive style. Journal of Applied Developmental Psychology 1: 45-57.

Gallup. 2002. Does reading still stack up? Gallup Poll News Service, September 3. Available: 2002. http://www.gallup.com.

Ganguli, A. 1989. Integrating writing in developmental mathematics. College Teaching 37: 140-142.

Garan, E. 2002. Resisting reading mandates. Portsmouth, N.H.: Heinemann.

Gaver, M. 1963. Effectiveness of centralized library service in elementary schools. New Brunswick, N.J.: Rutgers University Press.

Gilbert, L. 1934a. Effect of spelling on reading in the ninth grade. School Review 42: 197-204.

_____.1934b. Effect of reading on spelling in the secondary schools. California Quarterly of Secondary Education 9: 269-275.

_____. 1935. Study of the effect of reading on spelling. Journal of Educational Research 28: 570-586.

Goertzel, M., V. Goertzel, and T. Goertzel, T. 1978. Three hundred eminent personalities. San Francisco: Jossey-Bass.

Goodman, G. 1999. The Reading Renaissance/Accelerated Reader program. Pinal County school-to-work evaluation report. ERIC Document No. ED 427 299

Goodman, K. 1982. Language, literacy, and learning. London: Routledge Kagan Paul.

Goodman, K., and Y. Goodman. 1982. Spelling ability of a self-taught reader. In Language and literacy: The selected writings of Kenneth S. Goodman, vol. 2., ed. F. Gollasch. London: Routledge, pp. 135-142.

Gordon, I., and C. Clark. 1961. An experiment in individualized reading. Childhood Education 38: 112-113.

Gorman, M. 2002. Thirty graphic novels you can't live without. School Library Journal 48(8): 42-44, 47.

Gradman, H., and E. Hanania. 1991. Language learning background factors and ESL proficiency. Modern Language Journal 75: 39-51.

Graves, M., G. Brunett, and W. Slater. 1982. The reading vocabularies of primary grade children from varying geographic and social backgrounds. In New Inquiries in Reading Research and Instruction, ed. J. Niles and C. Harris. Rochester, NY: National Reading Conference, pp. 99-104.

Gray, G. 1969. A survey of children's attitudes toward individualized reading. In Individualized reading: Readings, ed. S. Duker. Metuchen, N.J.: Scarecrow, pp. 330-332.

Greaney, V. 1970. A comparison of individualized and basal reader approaches to reading instruction. Irish Journal of Education 1: 19-29.

_____. 1980. Factors related to the amount and type of leisure time reading. Reading Research Quarterly 15: 337-357.

Greaney, V., and M. Clarke. 1973. A longitudinal study of the effects of two reading methods on leisure-time reading habits. In Reading: What of the future? ed. D. Moyle. London: United Kingdom Reading Association, pp. 107-114.

Greaney, V., and M. Hegarty. 1987. Correlations of leisure time reading. Journal of Research in Reading 10:3-20.

Greene, J. 1997. A meta-analysis of the Rossell and Baker review of bilingual education research. Bilingual Research Journal 21 (2.3): 103-122.

Gupta, A., and S. P. Yeok. 1995. Language shift in a Singapore family. Journal of Multilingual and Multicultural Development 16(4): 301-314.

Hafiz, F., and I. Tudor. 1990. Graded readers as an input medium in L2 learning. System 18(1): 31-42.

Hafner, L., B. Palmer, and S. Tullos. 1986. The differential reading interests of good and poor readers in the ninth grade. Reading Improvement 23: 39-42.

Haggan, M. 1991. Spelling errors in native Arabic-speaking English majors: A comparison between remedial students and fourth year students. System 19: 45-61.

Hammill, D., S. Larsen, and G. McNutt. 1977. The effect of spelling instruction: A preliminary study. Elementary School Journal 78: 67-72.

Hartl, B. 2003. Comic relief: Heroic efforts keep Parts Unknown afloat. The Business Journal of the Greater Triad Area, March 31.

Haugaard, K. 1973. Comic books: A conduit to culture? Reading Teacher 27: 54-55.

Hayes, D., and M. Ahrens. 1988. Vocabulary simplification for children: A special case of "motherese"? Journal of Child Language 15: 395-410.

Healy, A. 1963. Changing children's attitudes toward reading. Elementary English 40: 255-257, 279.

Heisler, F. 1947. A comparison of comic book and non-comic book readers of the e l e m e n t a r y school. Journal of Educational Research 40: 458-464.

Herbert, S. 1987. SSR–What do students think? Journal of Reading 30(7): 651.

Herda, R., and F. Ramos. 2001. How consistently do students read during sustained silent reading? California School Library Journal 24(2): 29-31.

Herman, P., R. Anderson, P. D. Pearson, and W. Nagy. 1987. Incidental acquisition of word meanings from expositions with varied text features. Reading Research Quarterly 22: 263-284.

Hermann, F. 2003. Differential effects of reading and memorization of paired associates on vocabulary acquisition in adult learners of English as a second language. TESL-EJ 7(1): A-1. Available: http://www-writing.berkeley.edu/TESOL-EJ.
Heyns, B. 1978. Summer learning and the effects of schooling. New York: Academic Press.

Hillocks, G., Jr. 1986. Research on written composition: New directions for teaching. ED 265552. Urbana, Ill.: ERIC.

Himmelweit, H., A. Oppenheim, and P. Vince. 1958. Television and the child. New York: Oxford University Press.

Holt, S., and F. O'Tuel. 1989. The effect of sustained silent reading and writing on achievement and attitudes of seventh and eighth grade students reading two years below grade level. Reading Improvement 26: 290-297.

Horst, M., T. Cobb, and P. Meara. 1998. Beyond Clockwork Orange: Acquiring second language vocabulary through reading. Reading in a Foreign Language 11(2): 207-223.

Houle, R., and C. Montmarquette. 1984. An empirical analysis of loans by school libraries. Alberta Journal of Educational Research 30: 104-114.

Hoult, T. 1949. Comic books and juvenile delinquency. Sociology and Social Research 33: 279-284.

Hughes, J. 1966. The myth of the spelling list. National Elementary Principal 46: 53-54.

Hunting, R. 1967. Recent studies of writing frequency. Research in the Teaching of English 1: 29-40.

Huser, M. 1967. Reading and more reading. Elementary English 44: 378-382, 385.

Inge, M. T. 1985. The American comic book. Columbus: Ohio State University.

Ingham, J. 1981. Books and reading development: The Bradford book flood experiment. London: Heinemann Educational Books.

Ivey, G., and K. Broaddus. 2001. "Just plain reading" : A survey of what makes students want to read in middle school classrooms. Reading Research Quarterly 36(4): 350-377.

Jacoby, L., and A. Hollingshead. 1990. Reading student essays may be hazardous to your spelling: Effects of reading incorrectly and correctly spelled words. Canadian Journal of Psychology 44: 345-358.

Janopoulos, M. 1986. The relationship of pleasure reading and second language writing proficiency. TESOL Quarterly 20: 763-768.

Jenkins, M. 1957. Self-selection in reading. Reading Teacher 11: 84-90.

Johnson, R. 1965. Individualized and basal primary reading programs. Elementary English 42: 902-904, 915.

Jönsson, A. 1986. TV: A threat or a complement to school? Journal of Educational Television 12(1): 29-38.

Kaplan, J., and E. Palhinda. 1981. Non-native speakers of English and their composition abilities: A review and analysis. In Linguistics and literacy, ed. W. Frawley. New York: Plenum Press, pp. 425-457.

Kim, H., and S. Krashen. 1998a. The author and magazine recognition tests as predictors of literacy development in Korean. Perceptual and Motor Skills 87: 1376-1378.

_____. 1998b. The author recognition and magazine recognition tests, and free voluntary reading as predictors of vocabulary development in English as a foreign language for Korean high school students. System 26: 515-523.

Kim, J. 2003. Summer reading and the ethnic achievement gap. Paper presented at the American Educational Research Association, Chicago, April 21.

Kim, J., and S. Krashen, S. 2000. Another home run. California English 6(2): 25

Kitao, K., M. Yamamoto, S. K. Kitao, and H. Shimatani. 1990. Independent reading in English—use of graded readers in the library English as a second language corner. Reading in a Foreign Language 6(2): 383-395.
Konopak. B. 1988. Effects of inconsiderate vs. considerate text on secondary students' vocabulary learning. Journal of Reading Behavior 20: 25-41.

Krashen, S. 1982. Principles and practice in second language acquisition. New York: Prentice Hall.

_____. 1984. Writing: Research, theory and applications. Beverly Hills: Laredo Publishing.

____. 1985a. The input hypothesis: Issues and implications. Beverly Hills: Laredo Publishing.

____. 1985b. Inquiries and insights. Menlo Park: Calif.: Alemany Press.

____. 1988. Do we learn to reading by reading? The relationship between free reading and reading ability. In Linguistics in context: Connecting observation and understanding, ed. D. Tannen. Norwood, N.J.: Ablex, pp. 269-298.

____. 1989. We acquire vocabulary and spelling by reading: Additional evidence for the Input Hypothesis. Modern language Journal 73: 440-464.

____. 1994. The pleasure hypothesis. In Georgetown University Round Table on Languages and Linguistics, ed. J. Alatis. Washington, D.C.: Georgetown University Press, pp. 299-302.

____. 1995. School libraries, public libraries, and the NAEP reading scores. School Library Media Quarterly 23: 235-238.

____. 1996. Under attack: The case against bilingual education. San Francisco: Alta Publishing.

____. 1998a. Why consider the library and books? In Literacy, access, and libraries among the language minority population, ed. R. Constantino. Lanham, Md.: Scarecrow, pp. 1-16.

____. 1998b. Language shyness and heritage language development. In Heritage language development, ed. S. Krashen, L. Tse, and J. McQuillan. Culver City, Calif.: Language Education Associates.

____. 1999. Three arguments against whole language and why they are wrong. Portsmouth, N.H.: Heinemann.

____. 2001. More smoke and mirrors: A critique of the National Reading Panel report on fluency. Phi Delta Kappan 83: 119-123.

____. 2002. The NRP comparison of whole language and phonics: Ignoring the crucial variable in reading. Talking Points 13(3): 22-28.

____. 2003a. Explorations in language acquisition and use: The Taipei lectures. Portsmouth, N.H.: Heinemann.

____. 2003b. The unbearable coolness of phonemic awareness. Language Magazine 2(8): 13-18.

____. 2003c. Three roles for reading. In English learners: Reaching the highest level of English literacy, ed. G. Garcia..International Reading Association.

____. 2003d. The (lack of) experimental evidence supporting the use of Accelerated Reader. Journal of Children's Literature 29(2): 9, 16-30.

Krashen, S., and H. White. 1991. Is spelling acquired of learned? A re-analysis of Rice (1897) and Cornman (1902). ITL: Review of Applied Linguistics 91-92: 1-48.

Kyte, G. 1948. When spelling has been mastered in the elementary school. Journal of Educational Research 42: 47-53.

LaBrant, L. 1958. An evaluation of free reading. In Research in the three R's, ed. C. Hunnicutt and W. Iverson. New York: Harper, pp. 154-161.

Lai, F. K. 1993. The effect of a summer reading course on reading and writing skills. System 21(1): 87-100.

Lamme, L. 1976. Are reading habits and abilities related? Reading Teacher 30: 21-27.

Lancaster, T. 1928. A study of the voluntary reading of pupils in grades IV-VIII. Elementary School Journal 28: 525-537.

Lance, K., C. Hamilton-Pennell, M. Rodney, L. Petersen, and C. Sitter, C. 1999. Information empowered: The school librarian as an academic achievement in Alaska schools. Juno: Alaska State Library.

Lance, K., M. Rodney., and C. Hamilton-Pennell. 2000a. How school librarians help kids achieve standards: The second Colorado study. San Jose: Hi Willow Research and Publishing.

_____. 2000b. Measuring to standards: The impact of school library programs and information literacy in Pennsylvania schools. Greensburg, Pa.: Pennsylvania Citizens for Better Libraries (604 Hunt Club Drive, Greensburg PA, 15601).

_____. 2001. Good schools have school librarians: Oregon school librarians collaborate to improve academic achievement. Salem: Oregon Educational Media Association.

Lance, K., L. Welborn, and C. Hamilton-Pennell. 1993.The Impact of school library media centers on academic achievement. Castle Rock, Colo.: Hi Willow Research and Publishing.

Langer, J., and A. Applebee. 1987. How writing shapes thinking. Urbana, Ill.: National Council of Teachers of English.

Langford, J., and Allen, E. 1983. The effects of U.S.S.R. on students' attitudes and achievements. Reading Horizons 23: 194-200.

Lao, C. Y. 2003. Prospective teachers' journey to becoming readers. New Mexico Journal of Reading 32(2): 14-20.

Lao, C. Y., and S. Krashen. 2000. The impact of popular literature study on literacy development in EFL: More evidence for the power of reading. System 28: 261-270.

Laufer, B. 2003. Vocabulary acquisition in a second language: Do learners really acquire most vocabulary by reading? Some empirical evidence. The Canadian Modern Language Review 59(4): 567-587.

Lawson, H. 1968. Effects of free reading on the reading achievement of sixth grade pupils. In

Forging ahead in reading, ed. J. A. Figurel. Newark, Del: International Reading Association, pp. 501-504.

Lee, S. Y. 1998. Effects of introducing free reading and language acquisition theory on students' attitudes toward the English class. Studies in English Language and Literature 4: 21-28.

_____. 2001. What makes it difficult to write. Taipei: Crane Publishing Company.

Lee, S. Y., and S. Krashen. 1996. Free voluntary reading and writing competence in Taiwanese high school students. Perceptual and Motor Skills 83: 687-690.

_____. 1997. Writing apprehension in Chinese as a first language. ITL: Review of Applied Linguistics 115-116: 27-37.

Lee, S. Y., S. Krashen, and L. Tse. 1997. The author recognition test and vocabulary knowledge: A replication. Perceptual and Motor Skills 83: 648-650.

Lee, Y. O., S. Krashen, and B. Gribbons. 1996 The effect of reading on the acquisition of English relative clauses. ITL: Review of Applied Linguistics 113-114: 263-273.

LeMoine, N., B. Brandlin, B. O'Brian, and J. McQuillan. 1997. The (Print)-rich get richer: Library access in low-and high-achieving elementary schools. The California Reader 30: 23-25.

Leonhardt, M. 1998. How to sweeten your school's climate for reading. School Library Journal 44(11): 28-31.

Leung, C., and J. Pikulski. 1990. Incidental learning of word meanings by kindergarten and first-grade children through repeated read aloud events. In Literacy theory and research: Analysis from multiple paradigms, ed. J. Zutell and S. McCormick. Chicago: National Reading Conference, pp. 281-301.

Liberman, M. 1979. The verbal language of television. Journal of Reading 26: 602-609.

Lituanas, P., G. Jacobs, and W. Renandya. 1999. A study of extensive reading with remedial reading students. In Language instructional issues in Asian classrooms, ed. Y. M. Cheah and S. M. Ng. Newark, N.J.: International Reading Association, pp. 89-104.

Lokke, V., and G. Wykoff. 1948. "Double writing" in freshman composition—an experiment. School and Society 68: 437-439.

Lomax, c. 1976. Interest in books and stories at nursery school. Educational Research 19: 110-112.

Lorge, I., and J. Chall. 1963. Estimating the size of vocabularies of children and adults: An analysis of methodological issues. Journal of Experimental Education 32: 147-157.

Lowrey, L., and W. Grafft. 1965. Paperback books and reading attitudes. Reading Teacher 21: 618-623.

Lyness, P. 1952. The place of the mass media in the lives of boys and girls. Journalism Quarterly 29: 43-54.

Maccoby, E. 1951. Television: Its impact on school children. Public Opinion Quarterly 15: 421-444.

MacDonald, H. 2003. Manga sales just keep rising. Publishers Weekly, March 17.

Manning, G., and M. Manning. 1984. What models of recreational reading make a difference? Reading World 23: 375-380.

Marshall, J. 1987. The effects of writing on students' understanding of literary texts. Research in the Teaching of English 21: 30-63.

Martinez, M., N. Roser, J. Worthy, S. Strecker, and P. Gough. 1997. Classroom libraries and children's book selections: Redefining "access" in self-selected reading. In Inquires in literacy: Theory and practice. Forty-sixth year-book of The National Reading Conference, ed. C. Kinzer, K. Hinchman, and D. Leu. Chicago: National Reading Conference, pp. 265-272.

Mason, B. 2003. Evidence for the sufficiency of extensive reading on the development of grammatical accuracy. Doctoral dissertation, Temple University, Osaka, Japan.

Mason, B., and S. Krashen. 1997. Extensive reading in English as a foreign language. System 25: 91-102.

Mason, G., and W. Blanton. 1971. Story content for beginning reading instruction. Elementary English 48: 793-796.

Massimini, F., M. Csikszentmihalyi, and A. Della Fave. 1992. Flow and biocultural evolution. In Optimal experience: Psychological studies of flow in consciousness, ed. M. Csikszentmihalyi and I. Csikszentmihalyi. Cambridge: Cambridge University Press, pp. 60-81.

Mathabane, M. 1986. Kaffir boy. New York: Plume.

Mathis, D. 1996. The effect of the Accelerated Reader program on reading comprehension. ERIC Document No. ED 398 555.

Maynes, F. 1981. Uninterrupted sustained silent reading. Reading Research Quarterly 17: 159-160.

McCracken, R., and M. McCracken. 1978. Modeling is the key to sustained silent reading. Reading Teacher 31: 406-408.

McDonald, M., J. Harris, and J. Mann. 1966. Individual versus group instruction in first grade reading. Reading Teacher 19: 643-646, 652.

McEvoy, G., and C. Vincent. 1980. Who reads and why? Journal of Communication 30: 134-140.

McKenna, M., D. Kear, and R. Ellsworth. 1991. Developmental trends in children's use of print media: A national study. In Learner factors/teacher factors: Issues in literacy research and instruction, ed. J. Zutell and S. McCormick. Chicago: National Readind Conference, pp. 319-324.

McLoyd, V. 1979. The effects of extrinsic rewards of differential value on high and low intrinsic interest. Child Development 10: 1010-1019.

McQuillan, J. 1994. Reading versus grammar: What students think is pleasurable for language acquisition. Applied Language Learning 5: 95-100.

———. 1996. How should heritage languages be taught? The effects of a free voluntary reading program. Foreign Language Annals 29(1): 56-72.

———. 1997. The effects of incentives on reading. Reading Research and Instruction 36: 111-125.

———. 1998a. The literacy crisis: False claims and real solutions. Portsmouth, N.H.: Heinemann.

———. 1998b. The use of self-selected and free voluntary reading in heritage language programs: A review of research. In Heritage language development, ed. S. Krashen, L. Tse, and J. McQuillan. Culver City, Calif.: Language Education Associates, pp. 73-87.

McQuillan, J., and J. Au. 2001. The effect of print access on reading frequency. Reading Psychology 22: 225-248.

McQuillan, J., and V. Rodrigo. 1998. Literature-based programs for first language development: Giving native bilinguals access to books. In Literacy, Access, and Libraries Among the Language Minorrity Population, ed. R. Constantino. Lanham, Md.: Scarecrow, pp. 209-224.

Medrich, E., A. Roizen, V. Rubin, and S. Buckley. 1982. The serious business of growing up: A study of children's lives outside school. Los Angeles: University of California Press.

Mellon, C. 1987. Teenagers do read: What rural youth say about leisure reading. School Library Journal 38(8): 27-30.

Miller, F. 1986. The Dark Knight returns. New York: DC Comics.

Miller, G. 1977. Spontaneous apprentices: Children and language. New York: Seabury.

Miller, M., and M. Shontz. 2001. New money, old books. School Library Journal 47(10): 5-60.

Minton, M. 1980. The effect of sustained silent reading upon comprehension and attitudes among ninth graders. Journal of Reading 23: 498-502.

Monteith, M. 1980. How well does the average American read? Some facts, figures and opinions. Journal of Reading 20: 460-464.

Moore, A. 1986. Watchmen. New York: DC Comics.

Morrow, L. 1982. Relationships between literature programs, library corner designs, and children's use of literature. Journal of Educational Research 75: 339-344.

_____. 1983. Home and school correlates of early interest in literature. Journal of Educational Research 75: 339-344.

Morrow, L., and C. Weinstein. 1982. Increasing children's use of literature through program and physical changes. Elementary School Journal 83: 131-137.

Munoz, H. 2003. First Lady delivers $5,000 and a passion for reading. Education Week, May 21.

Murray, J., and S. Kippax. 1978. Children's social behavior in three towns with differing television experience. Reading Teacher 28: 19-29.

Nagy, W., R. Anderson, and P. Herman. 1987. Learning word meanings from context during normal reading. American Educational Research Journal 24: 237-270.

Nagy, W., and P. Herman. 1987. Breadth and depth of vocabulary knowledge: Implications for acquisition and instruction. In The nature of vocabulary acquisition, ed. M. McKeown and M. Curtiss. Hillsdale, N.J.: Erbaum, pp. 19-35.

Nagy, W., P. Herman, and R. Anderson. 1985. Learning words from context. Reading Research Quarterly 23: 6-50.

National Council on Writing. 2003. The neglected "R": The need for a writing revolution. New York: College Entrance Examination Board.

National Institute of Child Health and Human Development (NICHD). 2000. Report of the National Reading Panel. Teaching children to read. [NIH Publication no. 00-4754]. Washington, DC: Goverment Printing Office.

NCES, 2000. A study of the differences between higher-and lower-performing Indiana schools in reading and mathematics. Oak Brook, Ill.: North Central Regional Educational Laboratory.

Nell, V. 1988. Lost in a book. New Haven, Conn.: Yale University Press.

Neuman, S. 1986. The home environment and fifth-grade students' leisure reading. Elementary School Journal 86: 335-343.
_____. 1988. The displacement effect: Assessing the relation between television viewing and reading performance. Reading Research Quarterly 23: 414-440.

_____. 1995. Literacy in the television age: The myth of the TV effect. 2d ed. Norwood, N.J.: Ablex.

Neuman, S., and D. Celano. 2001. Access to print in low-income and middle-income communities. Reading Research Quarterly 36(1): 8-26.

Newell, G. 1984. Learning while writing in two content areas: A case study/protocol analysis. Research in the Teaching of English 18: 265-287.

Newell, G., and P. Winograd. 1989. The effects of writing on learning from expository text. Written Communication 6: 196-217.

Nisbet, S. 1941. The scientific investigation of spelling instruction: Two preliminary investigations. British Journal of Educational Psychology 11: 150.

Norton, B. 2003. The motivating power of comic books: Insights from Archie comic book readers. The Reading Teacher 57(2): 140-147.

O'Brian, I. 1931. A comparison of the use of intensive training and wide reading in the improvement of reading. Educational Method 10: 346-349.

Oliver, M. 1973. The effects of high intensity practice on reading comprehension. Reading Improvement 10: 16-18.

____. 1976. The effects of high intensity practice on reading achievement. Reading Improvement 13: 226-228.

Oller, D. K, and R. Eilers. 2002. Language and literacy in bilingual children. Clevedon, England: Multilingual Matters.

Ormrod, J. 1986. Learning to spell while reading: A follow-up study. Perceptual and Motor Skills 63: 652-654.

Pack, S. 2000. Public library use, school performance, and the parental X-factor: A bio-documentary approach to children's snapshots. Reading Improvement 37: 161-172.

Parrish, B. 1983. Put a little romance into your reading program. Journal of Reading 26: 610-615.

Parrish, B., and K. Atwood. 1985. Enticing readers: The teen romance craze. California Reader 18: 22-27.

Pavonetti, L., K. Brimmer, and J. Cipielewski, J. 2003. Accelerated reader: What are the lasting effects on the reading habits of middle school students exposed to Accelerated Reader in elementary grades? Journal of Adolescent and Adult Literacy 46(4): 300-311.

Petre, B. 1971. Reading breaks make it in Maryland. The Reading Teacher 15: 191-194.

Pfau, D. 1967. Effects of planned recreational reading programs. Reading Teacher 21: 34-39.

Pilgreen, J. 2000. The SSR handbook: How to organize and maintain a sustained silent reading program. Portsmouth, N.H.: Heinemann.

Pilgreen, J., and S. Krashen. 1993. Sustained silent reading with high school ESL students: Impact on reading comprehension, reading frequency, and reading enjoyment. School Library Media Quarterly 22: 21-23.

Pitts, M., H. White, and S. Krashen. 1989. Acquiring second language vocabulary through reading: A replication of the Clockwork Orange study using second language acquirers. Reading in a Foreign Language 5: 271-275.

Pitts, S. 1986. Read aloud to adult learners? Of course! Reading Psychology 7: 35-42.
Polak, J., and S. Krashen. 1988. Do we need to teach spelling? The relationship between spelling and voluntary reading among community college ESL students. TESOL Quarterly 22: 141-146.

Postman, N. 1983. The disappearing child. Educational Leadership 40: 10-17.

Postlethwaite, T., and K. N. Ross. 1992. Effective schools in reading: Implications for educational planners. An exploratory study. The Hague: The International Association for the Evaluation of Educational Achievement.

Potter, W. 1987. Does television viewing hinder academic achievement among adolescents? Human Communications Research 14: 27-46.

Pucci, S. 1994. Supporting Spanish language literacy: Latino children and free reading resources in the schools. Bilingual Research Journal 18: 67-82.

Pucci, S., and S. Ulanoff. 1996. Where are the books? The CATESOL Journal 9(2): 111-116.

Pulido, D. 2003. Modeling the role of second language proficiency and topic familiarity in second language incidental vocabulary acquisition through reading. Language Learning 53(2): 233-284.

Ramirez, D., S. Yuen, D. Ramey, and D. Pasta. 1991. Final report: Longitudinal study of structured English immersion strategy, early-exit and late-exit bilingual education programs for language minority students, Vol. I. San Mateo, Calif.: Aguirre International.

Ramos, F., and S. Krashen. 1998. The impact of one trip to the public library: Making books available may be the best incentive for reading. The Reading Teacher 51(7): 614-615.

Ravitch, D., and C. Finn. 1987. What do our 17-year-olds know? New York: Harper & Row.

Reed, C. 1985. Reading adolescents: The young adult book and the school. New York: Holt Rinehart Winston.
Rehder, L. 1980. Reading skills in a paperback classroom. Reading Horizons 21: 16-21.

Renaissance Reader, Report 36: Maine middle school achieves academic success with Renaissance comprehensive schoolwide program. Available: www.renlearn.com.

Renandya, W., B. R. S. Rajan, and G. Jacobs. 1999. ER with adult learns of English as a second language. RELC Journal 30(1): 39-61.

Reutzel, R., and P. Hollingsworth. 1991. Reading comprehension skills: Testing the distinctiveness hypothesis. Reading Research and Instruction 30: 32-46.

Rice, E. 1986. The everyday activities of adults: Implications for prose recall –Part I. Educational Gerontology 12: 173-186.

Rice, J. 1897. The futility of the spelling grind. Forum 23: 163-172, 409-419.

Rice, M., and P. Haight. 1986. "Motherese" of Mr. Rogers: A description of the dialogue of educational television programs. Journal of Speech and Hearing Disorders 51: 282-287.

Richard, A. 2003. GAO says costs for state tests all in how questions asked. Education Week, May 21.

Richards, A. 1920. Spelling and the individual system. School and Society 10: 647-650.

Roberts, D., C. Bachen, M. Hornby, and P. Hernandez-Ramos. 1984. Reading and television: Predictors of reading achievement at different age levels. Communication Research 11(1): 9-49.

Robinson, J. 1972. Television's impact on everyday life: Some cross-national evidence. In Television and social behavior, vol. 4, ed. E. Rubinstein, G. Comstock, and J. Murray. Rockwell, Md.: National Institute of Mental Health, pp. 410-431.

_____. 1980. The changing reading habits of the American public. Journal of Communication 30: 141-152.

Robinson, J., and G. Godbey. 1997. Time for life: The surprising way Americans use their time. University Park: University of Pennsylvania Press.

Rodney, M., K. Lance, and C. Hamilton-Pennell, 2002. Make the connection: Quality school library media programs impact academic achievement in Iowa. Bettendorf, Iowa: Mississippi Bend Area Educational Agency.

Rodrigo, V. 1997. Son concientes los estudiantes de Espagnol intermedio de los beneficios que les brinda la lectura? Hispania 80: 255-264.

Rodrigo, V., J. McQuillan, and S. Krashen. 1996. Free voluntary reading and vocabulary knowledge in native speakers of Spanish. Perceptual and Motor Skills 83: 648-650.
Rosenthal, N. 1995. Speaking of reading. Portsmouth, N.H.: Heinemann.

Ross, P. 1978. Getting books into those empty hands. Reading Teacher 31: 397-399.

Rucker, B. 1982. Magazines and teenage reading skills: Two controlled field experiments. Journalism Quarterly 59: 28-33.

Sadowski, M. 1980. An attitude survey for sustained silent reading programs. Journal of Reading 23: 721-726.

Salyer, M. 1987. A comparison of the learning characteristics of good and poor ESL writers. Applied Linguistics Interest Section Newsletter, TESOL 8: 2-3.

San Diego County. 1965. A plan for research. In Individualized reading: Readings, ed. S. Duker. Metuchen, N.J.: Scarecrow, pp. 359-363.

Saragi, Y., P. Nation, and G. Meister. 1978. Vocabulary learning and reading. System 6: 70-78.

Sartain, H. 1960. The Roseville experiment with individualized reading. Reading Teacher 12: 277-281.

Sato, I. 1992. Bosozuku: Flow in Japanese motorcycle gangs. In Optimal experience: Psychological studies of flow in consciousness. ed. M. Csikszentmihalyi and I. Csikszentmihalyi. Cambridge: Cambridge University Press, pp. 92-117.

Schafer, C., and A. Anastasi. 1968. A biographical inventory for identifying creativity in adolescent boys. Journal of Applied Psychology 58: 42-48.

Schatz, E., and R. Baldwin. 1986. Context clues are unreliable predictors of word meanings. Reading Research Quarterly 20: 439-453.

Schon, I., K. Hopkins, and C. Vojir. 1984. The effects of Spanish reading emphasis on the English and Spanish reading abilities of Hispanic high school students. Bilingual Review 11: 33-39.

_____. 1985. The effects of special reading time in Spanish on the reading abilities and attitudes of Hispanic junior high school students. Journal of Psycholinguistic Research 14: 57-65.

Schoolboys of Barbiana. 1970. Letter to a teacher. New York: Vintage Books.

Schoonover, R. 1938. The case for voluminous reading. English Journal 27: 114-118

Schramm, W., J. Lyle, and E. Parker. 1961. Television in the lives of our children. Stanford, Calif.: Stanford University Press.

Seashore, R., and L. Eckerson. 1940. The measurement of individual differences in general English vocabularies. Journal of Educational Psychology 31: 14-31.

Segal, J. 1997. Summer daze. Class paper, Trenton State University, Summer.

Senechal, M., J. LeFebre, E. Hudson, and E. Lawson. 1996. Knowledge of storybooks as a predictor of young children's vocabulary. Journal of Educational Psychology 88(1): 520-536.

Shanahan, T. 2000. Reading Panel: A member responds to a critic. Education Week, May 31, 39.

Shin, F. 1998. Implementing free voluntary reading with ESL middle school students-improvement in attitudes toward reading and test scores. In Literacy, access, and libraries among the language minority population, ed. R Constantino. Lanham, Md.: Scarecrow, pp. 225-234.

_____. 2001. Motivating students with Goosebumps and other popular books. CSLA Journal (California School Library Association) 25(1): 15-19.

_____.2003. Should we just tell them to read? The role of direct encouragement in promoting recreational reading. Knowledge Quest 32(3): 49-50.

Shooter, J. 1986. Marvel and me. In The comic book price guide, ed. R. Overstreet. New York: Harmony Books, pp. A85-96.

Simonton, D. 1984. Genius, creativity, and leadership. Cambridge, Mass.: Harvard University Press.

____.1988. Scientific genius: A psychology of science. Cambridge, Mass.: Harvard University Press.

Slover, V. 1959. Comic books vs. story books. Elementary English 36: 319-322.

SmartGirl Internette, Inc. 1999. Teen Read Week Report, November.

Smith, C., R. Constantino, and S. Krashen. 1996. Differences in print environment for children in Beverly Hills, Compton and Watts. Emergency Librarian 24(4): 4-5.

Smith, E. 2001. Texas school libraries: Standards, resources, services and students' performance. Austin: Texas State Libraries and Archives Commission.

Smith, F. 1988. Joining the literacy club. Portsmouth, N.H.: Heinemann.

____. 1994a. Writing and the writer. 2d ed. Hillsdale, N.J.: Erlbaum.

____. 1994b. Understanding reading. 5th ed. Hillsdale, N.J.: Erlbaum.

Smith, M. 1941. Measurement of the size of general English vocabulary through the elementary grades and high school. Genetic Psychology Monographs 24: 311-345.
Smith, R, and G. Supanich. 1984. The vocabulary scores of company presidents. Chicago: Johnson O'Conner Research Foundation Technical Report 1984-1.

Snow, C., W. Barnes, J. Chandler, 1. Goodman, and H. Hemphill. 1991. Unfulfilled expectations: Home and school influences on literacy. Cambridge, Mass.: Harvard University Press.
Sommers, N. 1980. Revision strategies of student writers and experienced adult writers. College Composition and Communication 31: 378-388.

Southgate, V., H. Arnold, and S. Johnson. 1981. Extending beginning reading. London: Heinemann Educational Books.

Sperzl, E. 1948. The effect of comic books on vocabulary growth and reading comprehension. Elementary English 25: 109-113.

Stahl, S., M. Richek., and R Vandevier. 1991. Learning meaning vocabulary through listening: A sixth-grade replication. In Learner factors/teacher factors: Issues in literacy research and instruction, ed. J. Zutell and S. McCormick. Chicago: National Reading Conference, pp. 185-192.

Stanovich, K, and A. Cunningham. 1992. Studying the consequences of literacy within a literate society: the cognitive correlates of print exposure. Memory and Cognition 20(1): 51-68.

_____. 1993. Where does knowledge come from? Specific associations between print exposure and information acquisition. Journal of Educational Psychology 85(2): 211-229.

Stanovich, K, and R West. 1989. Exposure to print and orthographic processing. Reading Research Quarterly 24: 402-433.

Stanovich, K, R West, and M. Harrison. 1995. Knowledge growth and maintenance across the life span: The role of print exposure. Developmental Psychology 31(5): 811-826.

Stedman, L., and C. Kaestle. 1987. Literacy and reading performance in the United States, from 1880 to the present. Reading Research Quarterly 22: 59-78.

Stokes, J., S. Krashen, and J. Kartchner. 1998. Factors in the acquisition of the present subjunctive in Spanish: The role of reading and study. ITL: Review of Applied Linguistics 121-122: 19-25.

Summers, E., and J. V. McClelland. 1982. A field-based evaluation of sustained silent reading (SSR) in intermediate grades. Alberta Journal of Educational Research 28: 110-112.

Sutton, R 1985. Librarians and the paperback romance. School Library Journal 32: 253-258.

Swain, E. 1948. Using comic books to teach reading and language arts. Journal of Reading 22: 253-258.

Swanborn, M., and K de Glopper. 1999. Incidental word learning while reading: A meta-analysis. Review of Educational Research 69(3): 261-285.

Swanton, S. 1984. Minds alive: What and why gifted students read for pleasure. School Library Journal 30: 99-102.

Thompson, M. 1956. Why not try self-selection? Elementary English 33: 486-490.

Thompson, R 1930. The effectiveness of modern spelling instruction. New York: Columbia University Teacher's College. Contributions to Education, No. 436.

Thorndike, R 1941. Words and the comics. Journal of Experimental Education 10: 110-113.

_____. 1973. Reading comprehension education in fifteen countries. New York: Halsted Press.

Trelease, J. 2001. The read-aloud handbook. 5th ed. New York: Penguin.

Tsang, W-K, 1996. Comparing the effects of reading and writing on writing performance. Applied Linguistics 17(2): 210-233.

Tse, L. 1996. When an ESL adult becomes a reader. Reading Horizons 31(1): 16-29.

_____.1998. Ethnic identity formation and its implications for heritage language development. In Heritage language development. ed. S. Krashen, L. Tse, and J. McQuillan. Culver City, Calif.: Language Education Associates, pp. 15-29.

_____.2001. Resisting and reversing language shift: Heritage-language resilience among U.S. native biliterates. Harvard Educational Review 71(4): 676-706.

Tudor, I., and F. Hafiz. 1989. Extensive reading as a means of input to L2 learning. Journal of Research in Reading 12(2): 164-178.

Twadell, F. 1973. Vocabulary expansion in the TESOL classroom. TESOL Quarterly 7: 61-78.

Ujiie, J., and S. Krashen.. 1996a. Comic book reading, reading enjoyment, and pleasure reading among middle class and chapter I middle school students. Reading Improvement 33 (1): 51-54.

_____. 1996b. Is comic book reading harmful? Comic book reading, school achievement, and pleasure reading among seventh graders. California School Library Association Journal 19(2): 27-28.

_____. 2002. Home run books and reading enjoyment. Knowledge Quest 3(1): 36-37.

Van Zelst, R., and W. Kerr. 1951. Some correlates of technical and scientific productivity. Journal of Abnormal Psychology 46: 470-475.

Varble, M. 1990. Analysis of writing samples of students taught by teachers using whole language and traditional approaches. Journal of Educational Research 83: 245-251.

Vollands, S., K Topping, and R Evans. 1996. Experimental evaluation of computer assisted self-assessment of reading comprehension: Effects on reading achievement and attitude. ERIC Document ED 408 567.

_____. 1999. Computerized self-assessment of reading comprehension with the accelerated reader: Action research. Reading and Writing Quarterly 15: 197-211.

Von Sprecken, D., and S. Krashen. 1998. Do students read during sustained silent reading? California Reader 32(1): 11-13.

_____. 2002. Is there a decline in the reading romance? Knowledge Quest 30(3): 11-17.

Von Sprecken, D., J. Kim, and S. Krashen. 2000. The home run book: Can one positive reading experience create a reader? California School Library Journal 23(2): 8-9.

Walker, G., and I. Kuerbitz. 1979. Reading to preschoolers as an aid to successful beginning reading. Reading Improvement 16: 149-154.

Wallas, G. 1926. The art of thought. London: C.A. Watts. (Abridged version, 1945). Excerpts reprinted in Creativity, ed. P. E. Vernon (1970). Middlesex, England: Penguin, pp. 91-97.

Waring, R, and M. Takakei. 2003. At what rate do learners learn and retain new vocabulary from reading a graded reader? Reading in a Foreign Language 15(2): 130-163.

Wayne, R 1954. Survey of interest in comic books. School Activities 25: 244.

Weiner, S. 2003. Mutants for the masses: Graphic novel roundup. School Library Journal 49 (5): 32-33.

Wells, G. 1985. Language development in the pre-school years. Cambridge: Cambridge University Press.

Wendelin, K., and R Zinck. 1983. How students make book choices. Reading Horizons 23: 84-88.

Wertham, F. 1954. Seduction of the innocent. New York: Rinehart.

Wesche, M. and T.S. Paribakht 1996. Assessing second language vocabulary knowledge: Depth versus breadth. Canadian Modern Language Review 53(1): 13-40.

West, R., and K Stanovich. 1991. The incidental acquisition of information from reading. Psychological Science 2: 325-330.

West, R., K Stanovich, and H. Mitchell. 1993. Reading in the real world and its correlates. Reading Research Quarterly 28: 35-50.

Wheldall, K., and J. Entwhistle. 1988. Back in the USSR: The effect of teacher modeling of silent reading on pupils' reading behaviour in the primary school classroom. Educational Psychology 8: 51-56.

White, T., M. Graves, and W. Slater. 1990. Growth of reading vocabulary in diverse elementary schools: Decoding and word meaning. Journal of Educational Psychology 82: 281-290.

Wilde, S. 1990. A proposal for a new spelling curriculum. Elementary School Journal 90: 275-290.

Williams, P., and M. Boyes. 1986. Television-viewing patterns and use of other media. In The impact of television, ed. T. M. Williams. New York: Academic Press, pp. 215-263.

Williams, P., E. Haertel, G. Haertel, and H. Walberg. 1982. The impact of leisure-time television on school learning: A research synthesis. American Educational Research Journal 19: 19-50.

Willig, A. 1985. A meta-analysis of selected studies on the effectiveness of bilingual education. Review of Educational Research 55(3): 269-317.

Willingham, D. 2002. Allocating student study time: "Massed" versus "distributed" practice. American Educator (Summer). Available: http:// www.aft.org/american_educator/summer2002/askcognitivescientist. html.

Witty, P. 1941. Reading the comics: A comparative study. Journal of Experimental Education 10: 105-109.

Witty, P., and R Sizemore. 1954. Reading the comics: A summary of studies and an evaluation, I. Elementary English 31: 501-506.

_____. 1955. Reading the comics: A summary of studies and an evaluation,

III. Elementary English 32: 109-114.

Wolf, A., and L. Mikulecky. 1978. Effects of uninterrupted sustained silent reading and of reading skills instruction on changes in secondary school students' reading attitudes and achievement. In 27th Yearbook of the National Reading Conference. Clemson, S.c.: National Reading Conference, pp.226-228.

Worthy, J. 1998. "On every page someone gets killed!" Book conversations you don't hear in school. Journal of Adolescent and Adult Literacy 41(7): 508-517.

____. 2000. Teachers' and students' suggestions for motivating middleschool children to read. In 49th yearbook of the National Reading Conference, ed. T. Shanahan, and F. Rodriguez-Brown. Chicago: National Reading Conference, pp. 441-45l.

Worthy, J., and S. McKool. 1996. Students who say they hate to read: The importance of opportunity, choice, and access. In Literacies for the 21st century: Research and practice, ed. D. Leu, C. Kinzer, and K Hinchman. Chicago: National Reading Conference, pp. 245-256.

Worthy, J., M. Moorman, and M. Turner. 1999. What Johnny likes to read is hard to find in school. Reading Research Quarterly 34(10): 12-27.

Wright, G. 1979. The comic book: A forgotten medium in the classroom. Reading Teacher 33: 158-16l.

Wright, R. 1966. Black boy. New York: Harper & Row.
Yoon, J-C. 2002. Three decades of sustained silent reading: A meta-analytic review of the effects of SSR on attitude toward reading. Reading Improvement 39(4): 186-195.

Zuckerman, D., D. Singer, and J. Singer. 1980. Television viewing, children's reading, and related classroom behavior. Journal of Communication 32: 166-174.

크라센의 **읽기 혁명**

초판 1쇄 발행 2013년 1월 17일
초판 23쇄 발행 2025년 3월 15일

펴낸이 박종암 | 펴낸곳 도서출판 르네상스
출판등록 제2020-000003호
주소 전남 구례군 구례읍 학교길 106, 201호
전화 061-783-2751 | 팩스 031-629-5347
전자우편 rene411@naver.com

ISBN 978-89-90828-61-3 13370

이 책은 저작권법에 따라 보호받는 저작물이므로 무단 전재와 무단 복제를 금합니다.
이 책 내용의 전부 또는 일부를 사용하시려면 반드시 저작권자와 출판사의 동의를 받아야 합니다.